꼭 알아야 할
심리의 기술

OMOIDORINI HITOWO AYATSURU SHINRI TECHNIQUE 101
by Shinzi Kamioka
Copyright © Shinzi Kamioka, 2022
All rights reserved.
Original Japanese edition published by FOREST Publishing Co., Ltd.
Korean translation copyright © 2025 by Dongyang Books Co.
This Korean edition published by arrangement with FOREST Publishing Co., Ltd., Tokyo
through Office Sakai and BC Agency

이 책의 한국어판 저작권은 BC에이전시를 통해
저작권자와 독점계약을 맺은 ㈜동양북스에 있습니다.
저작권법에 의해 한국 내에서 보호를 받는 저작물이므로 무단전재와 복제를 금합니다.

꼭 알아야 할 심리의 기술

싸우지 않고 이기는 101가지 설득의 심리학

가미오카 신지 지음 | 정현옥 옮김

동양북스

프롤로그

진짜 강한 사람은
소리 없이 이긴다!

싸우지 않고 이기는
심리기술 101가지

시간이 지나고 나이가 찬다고 해서 인간관계가 수월해지지는 않았다. 세상은 웬만해서 뜻대로 흘러가지 않는다는 것을 배운다. 당신도 이런 생각을 해본 적이 있는가?

- 나만 보면 짜증을 내는 것 같은 사람과의 관계가 지칠 때
- 분명 할 말을 생각해 놓고 갔는데도 상대의 페이스에 말려 원하는 대로 말하지 못했을 때
- 지나고 나서 '이렇게 말했으면 어땠을까?' 하는 마음이 들 때
- 결정적인 상황에서 강력하게 어필하지 못했을 때
- 자연스럽게 친해지고 싶은데 방법을 모를 때

상대의 마음을 읽지 못하는 답답함, 남에게 조종당해 버렸다는 한심함, YES라는 답을 듣지 못할 때의 초조함, 자연스럽게 친해지고 싶은데 너무 긴장해서 뚝딱대기만 하는 나.
이럴 때마다 나는 생각했다.

'내 마음대로 사람을 다룰 수 있다면 삶이 얼마나 편해질까?'

자, 이제 당신의 오랜 고민은 해소될 것이다. 비로소 이 책을 읽고 나면 사람의 마음이 어떤 식으로 움직이는지 알게 될 테니까. 마음의 변화를 읽을 수 있으면 대처법도 분명해진다. 마음의 어느 부분을 자극하면 어떻게 반응할지, 그에 대한 답을 알면 당신이 원하는 방향으로 상대를 이끌 수도 있다. 단, 생각보다 더 효과가 있을지도 모르니 이 기술을 악용하는 것을 강력하게 금한다.

내 뜻대로 사람을 유도할 수 있다는 건 엄청나게 강력한 힘을 갖는다. 수많은 기회가 나를 찾아올 것이라는 말과 같다. 그리고 마침내 결국엔 당신이 그리던 삶을 실현할 것이다. 인생을 내 마음대로 디자인할 수 있다니, 참으로 멋진 일이 아닌가!

마음을 움직이는 기술은
강력한 무기가 된다

사람의 마음을 움직이는 가장 큰 힘은 소통이다. 미국에서 연간 50만 달러 이상을 벌어들이는 상위 1퍼센트의 사람들을 대상으로 그들의 성공 요인을 조사했더니, '소통 능력'이 1위를 차지했다.

많은 이를 성공으로 이끈 소통 능력은 인생에서 다양한 기회를 얻을 수 있는 열쇠임에 틀림없다. 그렇다면 소통을 잘하는 기술은 도대체 무엇일까? 말하기 좋아하고 활기찬 사람의 소통이 무조건 좋은 소통일까? 반대로 말이 없고 차분한 타입은 소통 능력이 부족한 것일까?

둘 다 정답이 아니다.

소통을 잘하는 사람이란 상대의 마음에 집중할 수 있는 사람이다. 상대의 마음을 읽고 적절한 자극을 주어 내가 생각하는 방향으로 이끌 수 있는 사람이야말로 소통 능력이 뛰어나다고 할 수 있다. 이때 필요한 것이 심리학에 관련된 지식이다.

심리학에서는 사람의 마음을 다룬다. 감정의 움직임을 과학적으로 통찰하고 구조를 해석한다. 심리학을 모른 채 상대의 마음에 집중하기는 어렵다.

그래서 이 책에서는 심리학을 알기 쉽게 설명하고자 고심했다. 사람을 움직이고 제어하는 심리기술을 차례차례 소개하겠다.

여기서 소개하는 이 101가지의 심리기술은 모두 심리학에서 입증된 방법론에 기초했다. 잘 알려진 심리학 이론부터 최근에 주목받는 심리기술까지 담아 흥미로운 시간이 될 것이다. 그리고 이 기술은 당신 삶의 온갖 상황을 유리하게 도우리라 확신한다.

**심리학에서 주목하는
6가지 주제별 심리기술**

이 책에서는 항목마다 고찰해야 할 심리학의 포인트를 알기 쉽게 여섯 가지 주제로 나누었다. 이 여섯 가지 주제는 당신이 무엇인가를 원할 때, 사람의 마음 중 어느 부분을 자극해야 하는지 명확하게 짚어줄 것이다.

- '인정·칭찬'의 본능을 충족시키는 방법
    ⇒ 승인 욕구의 충족
- 타인의 공격이나 억압으로부터 내면을 보호할 현명한 방어법
    ⇒ 반(反) 동조행동
- 불편을 끼치는 상대의 행동 습관을 효과적으로 개선하는 방법
    ⇒ 행동 습관 교정
- 설득해야 할 상황에서 설득 효과를 최대한으로 끌어올리는 방법
    ⇒ 설득의 기술
- 인간관계에 꽃을 피워 기회를 얻는 방법
    ⇒ 소통의 기술
- 타인의 사고나 이미지에 영향을 주어 이익을 얻는 방법
    ⇒ 사고·이미지 연출

이렇게 주제별로 정리하면 효율적으로 조합할 수 있어 전략적·전술적으로도 활용이 가능하다.

심리학에서 다루는 기술은 실제로 적용하면서 자연스레 습득할 수 있다. 자주 써먹을수록 소통 능력 또한 다듬어지고 주위에 미치는 영향도 한층 무르익는다. 하루에 한 가지 기술이라도 꼭 실천하길 바란다.

이 책의 1장에서는, 불편한 상대에게 대응할 '공격과 방어'에 관해 전한다.

2장에서는, 설득의 효과를 극대화하는 기법을 중심으로 소개한다.

3장에서는, 자신의 가치를 높이는 수단으로, 효과적인 접근 방식부터 알려준다.

4장에서는, 주도권을 잡기 위한 전략적 방법론을 다룬다.

5장에서는, 누가 봐도 다루기 힘든 상대를 제어할 수 있는 심리기술을 소개한다.

앞으로 소개할 101가지의 에피소드는 우리가 일상에서 쉽게 마주할 수 있는 흔한 상황을 다룬다. 당신은 언젠가 겪어본 것 같은 익숙함을 느낄 수도 있다.

나는 누구보다 여러분이 이 확실한 심리기술을 현명하게 쓰길 원한다. 101가지의 사례를 보며 상대의 심리를 읽을 수 있는 사람과 아닌 사람이 가진 차이를 느껴보라. 그리고 이 특별한 능력을 앞으로 걸어갈 인생의 무기로 사용하길 바란다.

차례

프롤로그 진짜 강한 사람은 소리 없이 이긴다!　　　　　　　　　　　4

말도 섞기 싫은 사람과 잘 지낼 수 있을까?
싸우지 않고 이기는 사람의 기술

| 심리기술 001 | 말도 섞기 싫은 사람과 잘 지내야 할 때　　　　　　　22
승인 욕구의 충족 '상담'

| 심리기술 002 | 꽁꽁 언 상대의 마음 녹이기　　　　　　　　　　　24
승인 욕구의 충족 '애런슨의 부정의 법칙'

| 심리기술 003 | 위축되는 상황에서 기죽지 않으려면　　　　　　　27
반 동조행동 '현황 지적'

| 심리기술 004 | 나를 잘못했다 다그치는 상대의 분노 완화하기　　29
승인 욕구의 충족 '감사 표시'

| 심리기술 005 | 부당한 요구를 하는 상대에게 끌려가지 않기　　　31
반 동조행동 '역질문'

심리기술 006	반대하고 싶을 때는 다른 의견을 제시하기 승인 욕구의 충족 '동의'	34
심리기술 007	비꼬거나 비아냥거리는 사람에게 되돌려주기 반 동조행동 '방파제'	36
심리기술 008	남에게 상처주기를 즐기는 사람에게 상처받지 않기 반 동조행동 '얼버무리기'	38
심리기술 009	대놓고 험한 말하는 사람에게 당하지 않고 갚아주기 반 동조행동 '침묵'	41
심리기술 010	얼음장처럼 차가운 사람의 마음과 귀를 열기 설득의 기술 '극소 의뢰'	43
심리기술 011	여러 번 거절해도 안 먹히는 상대를 다루는 방법 반 동조행동 '회피'	45
심리기술 012	품위 없고 비상식적인 사람의 언행을 바로잡기 반 동조행동 '거울 효과'	48
심리기술 013	지각을 밥 먹듯 하는 직원의 행동을 개선하려면 행동 습관 교정 '자기 대면'	50
심리기술 014	흥분해서 말을 끊고 자기 말만 맞다고 하는 사람에게는 행동 습관 교정 '즉시 지적하기'	52
심리기술 015	자기 방식만 고수하는 고집쟁이를 다루는 방법 행동 습관 교정 '고집의 종류'	55
심리기술 016	새로운 고객도 좋지만 기존의 고객도 기회가 된다 행동 습관 교정 '쿨리지 효과'	57

| 심리기술 017 | 기죽어 있는 부하직원의 사기를 끌어올리는 방법
행동 습관의 교정 '피그말리온 효과' | 59 |

| 심리기술 018 | 말도 안 되는 목표를 강요하는 상사의 기대치 낮추기
설득의 기술 '정박 효과' | 62 |

| 심리기술 019 | 앞과 뒤가 다른 부하직원의 행동 개선하기
행동 습관 교정 '거짓말' | 65 |

| 심리기술 020 | 나보다 잘난 부하직원을 잘 다루기 위해서는
행동 습관 교정 '인핸싱 효과' | 67 |

| 심리기술 021 | 선 넘는 아랫사람을 손안에서 움직이는 방법
행동 습관 교정 '반발심' | 69 |

| 심리기술 022 | 상대의 도발에 넘어가지 않는 법 ①
반 동조행동 '체감 컨트롤법' | 72 |

| 심리기술 023 | 상대의 도발에 넘어가지 않는 법 ②
반 동조행동 '의식 컨트롤법' | 75 |

원하는 것이 있다면 즉시 행동하라
NO를 YES로 바꾸는 설득의 기술

| 심리기술 024 | 갑작스러운 요구나 질문으로 대답을 얻어내기
설득의 기술 '허 찌르기 효과와 오전제 암시' | 78 |

심리기술 025	정말 팔고 싶다면 희소가치를 강조하라 설득의 기술 '한정·희소성의 법칙'	81
심리기술 026	경쟁 상대를 밀어내고 YES 얻어내기 설득의 기술 '접종 이론'	84
심리기술 027	NO라고 말하기 어려운 상황을 만들어라 설득의 기술 '런천 테크닉과 연합 원리'	86
심리기술 028	부정적으로 말하고도 YES 얻어내기 설득의 기술 '단면 제시와 양면 제시'	88
심리기술 029	'어라?' 하는 사이에 YES라는 대답 이끌기 설득의 기술 '인지적 불협화'	91
심리기술 030	원하는 것이 있다면 적당히 자존심을 건드려라 설득의 기술 '칭찬과 친근 효과'	93
심리기술 031	가여움이나 동정을 유발하기 설득의 기술 '원조 행동'	95
심리기술 032	같은 말도 조금 다르게 해보자 설득의 기술 '프레이밍 효과'	98
심리기술 033	비교하게 하여 YES로 유도하기 설득의 기술 '대비 효과'	100
심리기술 034	소리 없는 자극으로 상대의 마음 흔들기 설득의 기술 '경악 효과'	102
심리기술 035	우유부단한 사람을 결단하게 하기 설득의 기술 '책임 회피'	105

심리기술 036 상대가 제안을 주저할 때 대의명분을 밀어붙이기   **107**
              설득의 기술 '대의명분'

심리기술 037 YES를 얻기 위해 가상의 이미지를 부풀리기   **109**
              설득의 기술 '이미지 확대'

심리기술 038 만일의 선택지로 유도하기   **112**
              설득의 기술 '가상의 선택지'

심리기술 039 유리한 위치에서 주도권을 쥐어라   **114**
              설득의 기술 '주도권의 역전'

심리기술 040 YES라는 대답이 당연하다는 인식 주기   **116**
              설득의 기술 '밴드웨건 효과'

심리기술 041 홈그라운드에서 승률이 높은 이유는?   **119**
              설득의 기술 '홈그라운드 효과'

심리기술 042 보이는 것의 힘을 기억하라   **121**
              설득의 기술 '헤일로 효과'

심리기술 043 YES라고 할 수밖에 없는 상황 만들기   **123**
              설득의 기술 '로우볼 테크닉'

심리기술 044 부탁의 강도를 단계적으로 상승시키기   **126**
              설득의 기술 '풋 인 더 도어 테크닉'

심리기술 045 한 단계 낮춰 요구하기   **129**
              설득의 기술 '도어 인 더 페이스 테크닉'

호감을 만드는 한 끗 차이의 비밀
나의 가치를 높일수록 수월해지는 소통의 기술

심리기술 046 전략적으로 친밀 단계 밟기 132
소통의 기술 '친화 과정'

심리기술 047 호감 있는 첫인상으로 소통을 시작하라 134
소통의 기술 '프랜들리 테크닉'

심리기술 048 좋은 사람이라는 이미지를 만드는 요령 137
소통의 기술 '자기 제시·인상 조작'

심리기술 049 자주 노출하는 데는 이유가 있다 139
소통의 기술 '단순 접촉 효과'

심리기술 050 상대와 가치관을 공유하며 친밀함을 형성하자 141
소통의 기술 '공통 분모·유사성의 원리'

심리기술 051 서로 보완하는 관계로 발전시켜라 144
소통의 기술 '상보성의 원리'

심리기술 052 있는 그대로의 나를 드러내기 146
소통의 기술 '자기 개시'

심리기술 053 부탁하며 우월감 자극하기 149
소통의 기술 '단순 접촉 효과·반보성의 원리'

심리기술 054 공포의 두근거림을 설렘으로 151
소통의 기술 '흔들다리 효과'

심리기술 055 논리보다 감정에 호소하기   **153**
　　　　　　소통의 기술 '감정·필링 효과'

심리기술 056 호기심을 자극해 주의를 끌어라   **156**
　　　　　　소통의 기술 '칼리굴라 효과'

심리기술 057 비호감 상태에서 호감을 얻는 법   **158**
　　　　　　소통의 기술 '수면자 효과'

심리기술 058 상대의 정보를 미리 파악해 두기   **161**
　　　　　　소통의 기술 '숙지성의 법칙'

심리기술 059 상담에 응해주어 의존도를 높여라   **164**
　　　　　　소통의 기술 '아이 메시지를 통한 공감'

심리기술 060 공동의 적을 향한 결속력 기르기   **166**
　　　　　　설득의 기술 '부정적 콘텐츠 공유'

심리기술 061 스킨십으로 친밀도 높이기   **168**
　　　　　　소통의 기술 '개인 공간 침입법'

심리기술 062 상대의 마음을 읽어 그럴싸한 예언자 되기   **171**
　　　　　　소통의 기술 '바넘 효과'

심리기술 063 상대 말의 의도를 파악하고 들어주기   **174**
　　　　　　소통의 기술 '클라이막스와 안티 클라이막스 화법'

심리기술 064 다시 만나고 싶은 사람이 되는 방법은?   **177**
　　　　　　소통의 기술 '자이가르닉 효과'

심리기술 065 상식적인 판단에 힘을 싣기   **180**
　　　　　　소통의 기술 '양가감정 효과'

| 심리기술 066 | 반대·장애 요인을 만들어 착각을 심어주기 | 182 |
| | 소통의 기술 '로미오와 줄리엣 효과' | |

| 심리기술 067 | 전문가의 말이라면 조금 더 눈길이 가는 법 | 184 |
| | 소통의 기술 '권위에 의한 헤일로 효과' | |

대화의 주도권을 얻는 자가 반드시 웃을 것이다
결정적 순간을 만드는 한마디 승부 전략

| 심리기술 068 | 호기심을 자극해서 상대를 구슬리기 | 188 |
| | 설득의 기술 '피크 테크닉' | |

| 심리기술 069 | 부드러운 말로 불안감 조성하기 | 190 |
| | 설득의 기술 '피어 어필' | |

| 심리기술 070 | 타깃을 정해 아주 쉬운 부탁하기 | 193 |
| | 설득의 기술 '링겔만 효과와 극소 의뢰' | |

| 심리기술 071 | 그럴듯한 자료로 주장에 근거를 더하라 | 196 |
| | 설득의 기술 '세분화와 통합화의 기술' | |

| 심리기술 072 | 나중을 위해 이것만은 지켜라 | 199 |
| | 소통의 기술 '반보성의 원리' | |

| 심리기술 073 | 넘버원 효과로 상대를 구슬리기 | 202 |
| | 소통의 기술 '넘버원 효과' | |

심리기술 074	"당신은 OO한 사람이군요." 하고 규정짓기 행동 습관 교정 '라벨링 효과'	204
심리기술 075	때로는 거절로 우위를 선점해야 한다 사고·이미지 연출 '거절 표시'	206
심리기술 076	공감을 이끌어내는 허위의 불가항력을 동원하기 사고·이미지 연출 '불가항력 제시'	209
심리기술 077	일을 키우지 않으려면 시간차를 두고 사과하라 사고·이미지 연출 '시간차에 의한 불안심리 증대'	211
심리기술 078	기대하고 있었는데 품절이라는 사실을 알았을 때 사고·이미지 연출 '게인·로스 효과'	213
심리기술 079	"얼마 동안?" 하고 시간을 물어라 소통의 기술 '의향 타진법'	216
심리기술 080	생각할 시간을 충분히 주는 것같이 말하라 소통의 기술 '의향 타진의 확장형'	218
심리기술 081	설득을 할 때는 수치나 데이터를 보여주기 설득의 기술 '숫자의 효과'	220
심리기술 082	"혹시" "예를 들자면"으로 본심을 떠보기 사고·이미지 연출 '가정형 질문'	223
심리기술 083	제삼자를 통해 칭찬하는 방법 승인 욕구의 충족 '원저 효과'	225
심리기술 084	"이건 비밀인데요." 특별함을 심어주기 소통의 기술 '비밀 공유'	228

심리기술 085	결단력 없는 상대라면 양자택일하도록 유도하라	230
	설득의 기술 '양자택일'	

심리기술 086	회의에서 무조건 주도권을 잡아야 하는 이유	232
	설득의 기술 '스틴저의 3원칙'	

심리기술 087	무엇보다 강력한 만장일치 효과	235
	설득의 기술 '만장일치 효과'	

어떤 상대든 내 손안에 가두다
마침내, 승부를 좌우하는 결정적 심리기술

심리기술 088	일찍 도착하고 미리 도착해보자	238
	소통의 기술 '종속의 심리'	

심리기술 089	자존심이 강한 사람에게는 도움을 구하듯 말하라	240
	승인 욕구의 충족 '구제'	

심리기술 090	칭찬에 익숙한 사람을 칭찬하기	243
	승인 욕구의 충족 '자기 확장과 과정 중시 효과'	

심리기술 091	이기적인 사람에게는 "입장 바꿔 생각해 봐."	245
	설득의 기술 '롤 플레잉'	

심리기술 092	실의에 빠진 사람에게 먼저 손을 내밀어라	247
	소통의 기술 '구제'	

심리기술 093	성실한 사람의 죄의식 덜어주기	250
	소통의 기술 '죄의식'	

심리기술 094	칭찬을 잘 하는 사람은 칭찬받는 것도 좋아한다	252
	소통의 기술 '칭찬 되돌려주기'	

심리기술 095	비논리적인 사람은 때때로 무시해도 좋다	254
	반 동조 행동법 '원칙 제시'	

심리기술 096	이유 없이 나를 싫어하는 상대의 선입견에 맞서기	257
	사고·이미지 연출 '인상 조작'	

심리기술 097	자랑만 하는 사람은 일단 부러워해 주자	259
	승인 욕구의 충족 '보수의 청구'	

심리기술 098	"반드시 수익이 납니다." 엉겨붙는 사람 조심하기	261
	사고·이미지 연출 '인지 바이어스'	

심리기술 099	자기 이야기만 하는 사람에게는 도중에 질문 던지기	264
	소통의 기술 '동조 효과의 강화'	

심리기술 100	논리적인 사람에게는 모호하게 답변하면 안 된다	266
	소통의 기술 '논리 사고에의 동조 기술'	

심리기술 101	사주를 맹신하는 사람에게 필요한 특별 피드백	268
	설득의 기술 '피드백의 제N법칙'	

에필로그 심리기술의 놀라운 힘을 아는 당신. 자, 이제 실전이다!　　270

1장

말도 섞기
싫은 사람과
잘 지낼 수 있을까?

싸우지 않고 이기는 사람의 기술

심리기술 001

말도 섞기 싫은 사람과 잘 지내야 할 때

상담

모 온라인 설문 전문기관에서 진행한 취업 의식 조사에 따르면, '직장 내에 싫어하는 사람이나 불편한 사람이 있다'고 대답한 사람은 남성 65%, 여성은 62%에 이른다.

이렇듯 싫은 상대나 불편한 사람과는 아무것도 하기 싫은 게 솔직한 심정이다. 얼굴을 마주하는 것은 물론 말도 섞기 싫고, 할 수만 있다면 피해서 다니고 싶을 것이다. 이런 상황까지 되면 자연스레 행동도 어설프고 부자연스러워진다.

이때 '반보성返報性의 원리'가 작용하면 상대도 분명히 나를 싫어하게 된다. 이는 받은 만큼 보답하게 된다는 심리 이론이다. 거꾸로 생각해보자. 누군가가 나를 피한다면 그 사람은 나를 좋아하지 않는다고 생각할 것이다. 누구든 그런 상대에게 호감을 느낄 리 없다.

이런 상황이 생긴다면, 내가 먼저 상황을 바꾸어보자. 그렇지 않으면 머지않아 불이익을 당할 수도 있기 때문이다. 내가 먼저 지혜롭게 접근하는 방법이 오히려 나을 것이다.

"저, 부장님. OO의 건에 관해 잘 아신다고 들었습니다. 이것저것 여쭈어보아도 괜찮을까요? 꼭 의논드리고 싶은 일이 있어서요."

자존심을 세워주는 표현을 곁들여 상담을 청해보자. 상대도 자신을 멀리하던 사람에게 이런 말을 듣는데 악감정이 생길 리 없다. '나를 피하는 것 같았는데, 내 지성이나 견해에 경외심을 품어서였나'라는 생각에까지 미칠지도 모른다. 혹은 '단순한 착각이었나' 하고 마음을 고쳐먹을 수도 있다. 이 상황에 칭찬을 곁들이며 궁금한 점을 물어보겠다는 사람에게 기분 좋게 가르쳐 주지 않을 사람은 없을 것이다.

대놓고 무장해제를 시도하는 접근은 사람을 안심하게 한다. 이렇게 **내가 먼저 마음에 잠금장치를 풀어버리면 간단한 일이다.** 싫은 상대, 불편한 사람이 더 이상 예전과 동일한 사람으로 보이지 않을 것이다.

일에서건 취미에서건 상대의 특기나 관심도가 높은 분야를 공략해보자.

심리 기술 002

꽁꽁 언 상대의 마음 녹이기
애런슨의 부정의 법칙

사람은 자신이 좋아하는 것, 관심 있는 것에 관해 이야기할 때 가장 즐겁다. 흥미 있는 이야기를 할 때는 시간 가는 줄도 모르고 정신을 차리고 보니 혼자서만 미주알고주알 떠벌리고 있었음을 깨닫기도 한다. 내 이야기를 성의껏 들어주는 사람이 있으면 누구든 기분이 좋아지기 마련이다. 인정받고 싶고 칭찬받고 싶은 승인 욕구가 충족되기 때문이다.

'잘 듣는 사람은 이야기도 잘 한다'는 말처럼, 남의 이야기를 잘 들어주는 사람은 누구에게나 사랑받는다. **나를 인정하고 칭찬하는데 기쁘지 않은 사람이 어디 있을까?**

싫은 사람도 불편한 사람도, 똑같은 인간이다. 상대의 특기나 좋아하는 것, 흥미 있어 하는 것, 관심도가 높은 것이 무엇인지 여러모로 알아두면 다양한 상황에서 화제를 끌어낼 때 도움이 된다.

"올해 타이거즈는 강력한 우승 후보라 기대됩니다."

"골프를 시작할까 하는데요."

"미국의 금융완화 정책은 전망이 어떤가요?"

"아드님의 대학교 합격을 축하드립니다."

"경제 서적을 한 권 추천해 주시겠어요?"

대화가 쉽게 풀리지 않을 때, 스스럼없는 화두를 던져 상대의 마음이 열리길 기대해보자. 평소에 친밀도가 낮은 사람이 건네는 기분 좋은 이야기가 친한 사람에게서 듣는 것보다 훨씬 뿌듯하다. 이는 '엘리엇 애런슨의 부정의 법칙Elliot Aronson's law of Infidelity'이 작용한 예다.

> **상대가 좋아하는 것,
> 관심 있는 일에
> 포커스 맞추기!**

심리기술 003

위축되는 상황에서 기죽지 않으려면

현황 지적

큰 소리로 고함치는 권위적인 상사나 위협적인 말과 행동으로 압박하는 진상 고객 앞에서는 누구나 위축된다. 공포심이 그렇게 시키기 때문이다.

긴장한 목소리는 상기되고, 어떻게 대처해야 할지 혼란스러워서 말 그대로 패닉 상태에 빠지기도 할 것이다. 이때 상대가 노리는 것도 당신의 그런 모습이다. 나를 일방적으로 지배하고 자신의 욕심을 드러내려 하는 것이다.

동조행동페이싱, Pacing과 반 동조행동디스페이싱, Dispacing이라는 심리학 용어가 있다. 상대에게 맞추는 것을 동조, 맞추지 않는 것을 반反 동조라고 한다.

빠르게 말하는 사람에게 역시 빠른 말로 응하거나, 웃으면서 재미나게 이야기하는 사람한테 웃음으로 답하는 것은 동조다. 상대에게 동조함으로써 그의 승인 욕구를 채워주므로 원만한 관계가 지속될 것이다.

큰 소리로 호통치는 사람이나 위협적인 말과 행동으로 공격하는 사람 앞에서 위축되는 것 역시 동조로 볼 수 있다. 상대의 승인 욕구를 채워주는 형태이기 때문인데, 상대가 강력한 기운을 내뿜을 때 웅크려있기만 하면 그는 더욱 오만방자해질 것이다. 적절한 반 동조, 즉 디스페이싱을 보여주어 나의 냉담한 태도에 상대가 오히려 동조하게 해야 한다.

숨을 들이마신 후 어깨와 팔에 힘을 빼고 차분하게 용기 내어, 다음과 같이 상대의 부당한 언동을 그대로 돌려주자.

"큰 목소리로 소리치지 마십시오. 사람들이 불편해하잖습니까."

상대가 "뭐라고, 이 인간이!" 하면서 계속 소리 질러도 개의치 않아야 한다. 더 담담하고 더 조용하게, 천천히 반복하자.

"그렇게 화내실 일도 아니잖습니까? 조용히 해달라고 부탁드리는 겁니다."

흥분한 상대에게 똑같이 욱해서 송곳니를 드러내거나 두려움에 떨기만 해봤자 상대의 공격은 멈추지 않는다. **나의 침착한 태도야말로 상대를 움츠러들게 할 것이다.**

심리 기술 004

나를 잘못했다 다그치는 상대의 분노 완화하기

감사 표시

엄중한 질책이나 장황한 설교가 하염없이 이어지면 듣는 것도 지겨워진다. 상황이 빨리 종료되길 바라는 마음에 "정말, 진심으로 죄송합니다."라면서 사과를 연발할지도 모른다. 혹은 "네, 정말로 충분히 반성하고 있습니다. 다음에는 이런 일이 생기지 않도록 하겠습니다."라는 식으로 반성의 표현을 무의미하게 되풀이하는 상황이 올 수도 있다. 하지만 이런 행동들은 역효과만 부르는 잘못된 대응 방식이다.

상대는 내 그런 태도에 불손함을 찾아내기라도 할 기세로 더욱 고통을 주기 위해 끊임없이 채찍을 휘두르고 질책을 반복할 것이다. 적의 공격을 빨리 멈추려면 감사의 말을 안겨주어야 한다.

권위적 상사   그러니까 내가 얼마나 주의를 줬어, 이 바보 같은

	놈! 집어치우라고!
똑똑한 직원	부장님, 늘 진심으로 조언해주셔서 항상 감사한 마음입니다!
권위적 상사	어? 뭐? 그래? 알고 있어? 뭐, 그렇다 치고. (목소리가 낮아지며) 어쨌든 앞으로는 조심해.
똑똑한 직원	네, 감사합니다!

 화가 나서 흥분한 상대를 진정시키기 위해서는 지난 항목에서 설명한 것처럼 침착한 태도로 상대의 부당한 언동을 지적해 주는 게 최선이다. 하지만 위의 예와 같이 내게 명백한 실수나 실책이 있고 상대가 사과를 받아내고자 끈질긴 공격을 해온다면, **느닷없이 감사의 말을 던지는 변화구가 훨씬 효과적이다.**
 감사의 말은 상대의 승인 욕구를 채워주고 분노를 누그러뜨리는 효과가 뛰어나다. 그리고 상대를 기분 좋게 하는 마법 같은 효력이 깃들어있다. 고맙다는 말을 듣고서 바로 "바보 같은 놈!"이라고 할 사람은 드물다. 궁지에서 벗어나고 싶을 때 쓸모 있음을 기억해 두면 손해 볼 일은 없다.

심리기술 005

부당한 요구를 하는 상대에게 끌려가지 않기

역질문

일방적으로 자기주장만 늘어놓고 자신에게만 유리한 요구를 하는 사람이 있다. 그가 폭주 기관차처럼 빠르게 말을 쏟아내거나 협박투로 공격해 오면 당신은 입만 벌린 채 아무 말도 할 수가 없다. 상대는 따질만한 상황을 아예 차단하려는 것이다.

이런 방식으로 **상대에게 주도권을 빼앗기면 당신은 혼란에 빠지게 된다.** 그러다가 객관적인 판단력도 잃은 채 얼떨결에 상대에게 "네."라고 말해버리기 쉽다.

이런 상황에서는 상대의 페이스를 무너트려서 대화의 주도권을 되찾아야 한다.

진상 고객   이봐, 어떻게 할 거야. 당신 때문이잖아. 어쩔 거냐고. 성의를 보여야지!

똑똑한 응대자   (침착하게) 네? 성의요? 무슨 말씀인지요?

진상 고객   (당황하며) 서, 성의라고, 성의! 알잖아. 어떻게 해줄 건데!

똑똑한 응대자   잘 모르겠는데요. 구체적으로 어떻게 해드릴까요?

진상 고객   (난감한 듯) 어떻게, 라니! 알잖아!

이렇듯 부당한 요구를 하며 "어떻게 해줄 건데?"라거나 "성의를 보여라."라는 악질적인 진상 고객이 종종 있다.

그럴 때는 역질문하면 부당한 요구인 게 탄로 나게 되어 상대 쪽이 오히려 주뼛거린다. 상대의 요구가 구체화될 수록 본인의 부당한 요구가 드러나는 셈이 되니 이 기술은 매우 효과적이다.

" 역질문으로 주도권 전환하기! "

심리기술 006

반대하고 싶을 때는 다른 의견을 제시하기

동의

회의 때 A 안건과 B 안건이 나온 상태다. A 안건에 찬성하는 사람이 압도적 다수를 차지할 때, 혼자만 B 안건에 찬성할 수 있다. 하지만 이때 정면으로 반대하면 다수로부터 집중공격을 당할지도 모른다.

더군다나 상사의 의견에 맞서야 하는 경우라면? 부하직원이 자신과 다른 의견을 들이대면 상사는 체면이 구겨진다고 생각할 수도 있다. 그릇이 작은 상사일수록 더욱 심하다.

아무리 생각해도 내 의견이 옳은 것 같아도 끝까지 주장하기 어려운 상황들이 있다. 그럼에도 계속해서 의견을 굽히지 않는다면 상대는 적이 될 수도 있다. 결국엔 본전도 못 찾는 행동이다.

사람은 누구나 자기 의견이나 주장을 거부당하면 마음이 언짢아진다. 상사에게 미운털까지 박힌다면 그 의견에 반대해서 좋은 일은 없다.

상사가 부하직원으로서의 의견이나 감상을 요구한다면 우선 다음과 같이 말하자.

"전 좋은 것 같습니다."
"그렇군요. 이해했습니다."
"저도 물론 다른 분들처럼 A안에 찬성합니다."

이와 같이 처음에 동의를 표명한다면 상대는 안도할 것이다. 물론 겉으로는 찬성하는 상황이니 고민하는 듯한 태도는 조금도 보이지 말아야 한다. 본심이 들통나기 때문이다. 일단 상사의 의견에는 대놓고 반대하지 않는 게 중요하다.

그리고 나서 "같은 의견입니다. 그런데 한 가지 질문해도 될까요? 이런 경우에는 어떻게 됩니까?" 등으로 의문이 들거나 이해하기 어려운 부분만 짚는 방법을 쓰자.

상사의 답변이 엉망이어도 **끝까지 동의하는 태도를 유지하면서 추가적인 질문만 하면 된다.** 동조자에게는 친절하게 설명해 줄 테니까 말이다. 단, 질문 역시 적당한 선에서 멈추어야 한다. 집요한 질문은 오히려 동의하지 않는다는 의미가 될 수도 있다.

심리기술 007

비꼬거나 비아냥거리는 사람에게 되돌려주기

방파제

대놓고 공격하지는 못하면서 말끝마다 모호한 불쾌감을 남기는 사람이 있다.

이들은 다음과 같은 특징이 있다. 처음에는 엄청나게 칭찬하며 비행기를 태운다. 대부분의 사람은 칭찬받으면 겸손해하기 때문에 "아이, 아니에요."라고 부정하면서 상대를 배려하는 태도를 보일 것이다. 이때 이들은 검은 속내를 드러내기 시작한다. 당신의 말을 진심으로 받아들인 척하며 비아냥거리는 사람은 타인의 행복을 질투하는 것뿐이니 대답해 줄 필요도 없다.

동료 A	멋지다! 아파트 장만하셨다고요? 부부가 함께 돈을 버니 좋으시겠어요.
동료 B	아니에요. 구축인걸요.

동료 A	구축이어도 대단한 자산이죠. 놀랍네요.
동료 B	다 은행 집이에요. 대출이 30년이나 남았고, 역에서도 멀어요. 그리 대단한 것도 아닌걸요.
동료 A	아, 그렇구나. 대출이 있으시구나. 그건 좀 힘드시겠네요. 남편분은 현장직이시니까 부상이라도 당하면 대출금 내기도 빠듯하겠네요. 걱정되시겠어요.

이런 유형의 사람에게 겸손을 드러내다가는 본전도 찾지 못하고 상대의 노리개가 되어버린다. **불필요한 정보를 주지 말고 '그게 왜?' '그다지'라는 표현을 이용해 방파제를 구축해야 한다.**

동료 A	멋지다! 아파트 장만하셨다고요? 부부가 함께 돈을 버니 좋으시겠어요.
동료 B	드디어 장만했죠. 하하.
동료 A	멋있어 보여요. 신축이에요? 대출은 몇 년이에요? 몇 층짜리 건물이에요?
동료 B	아이, 뭐 별로 대단한 거 아니에요.

심리기술
008

남에게 상처주기를 즐기는 사람에게 상처받지 않기

얼버무리기

이 세상에는 타인에게 상처 주는 걸 몹시 재밌어하는 심술궂은 사람이 존재한다. 다른 사람을 주눅 들게 하고 자신이 우위에 있다는 것을 확인하면 만족하는 이상한 성향의 사람이다. 이런 사람도 앞에서처럼 '그게 왜?' '그다지'라는 표현으로 물리치는 게 제일이지만, 그들은 일방적으로 마음 상하는 말을 계속해서 던져오기 때문에, 완전히 막아내지 못하는 상황도 있을 것이다.

절대 상처받지 마라. 그리고 그런 인간을 상대할 때는 **조롱하는 듯한 맞장구로 어물쩍 넘기면서 주제에서 벗어난 이야기임을 깨닫게 하여 단숨에 내치는 게 효과적이다.**

동료 A	남편분 유명 대기업에서 엘리트 사원이시죠?
동료 B	엘리트? 그, 그렇지도 않아요. 그게 왜요?

동료 A	일하시는 거 힘드실 것 같아서요. 날마다 댁에 늦게 오시잖아요?
동료 B	그, 그렇죠. 뭐. 하하.
동료 A	TV에서 봤는데 매일 귀가가 늦는 남편의 86퍼센트가 외도한 경험이 있대요. 게다가 그중 35퍼센트는 깊은 관계에 빠진다더라고요.
동료 B	왜 저한테 그런 말씀을 하세요?
동료 A	그러니까, 아내도 외모를 가꾸어야 한다는 거죠.
동료 B	아아, 그 말씀이군요. 전 또 뭐라고. 걱정 감사하네요. 하하.

진지하게 받아줄 생각이 없음을 분명하게 보여주면 아무리 심술궂은 사람이라도 다시는 시도하지 않을 것이다.

"얼버무리면서 맞장구 쳐서 물리치자!"

심리기술 009

대놓고 험한 말하는 사람에게 당하지 않고 갚아주기

침묵

타인을 도발해서 화를 돋우는 게 취미인 듯한 사람은 정말 다루기 힘든 상대다.

"아까 자네 프레젠테이션 최악이었어. 시장분석도 유치원생 수준이더군."
"아우, 정장이 너무 촌스러운 거 아냐? 그런 차림으로 단골 거래처에 인사 다니니까 안 먹히지."

이런 말들로 당신을 화나게 하는 '그 사람'이 떠오르는가?

"알 바 아니잖아!" 하고 되받아쳐도 마치 기다렸다는 듯 "친절하게 조언해 주는데 뭘 그리 화를 내냐?" 따위의 말들로 딴지를 걸 것이다. 이런 상대는 이미 소개한 '그게 왜?'라든가

'그다지' 등의 말로 차갑게 응대하는 게 안 먹히는 타입이다. 또 이전 항목에서 소개한 얼버무리기식 맞장구로 "아아, 아하하하, 그래요?" 하고 넘기려 해도 역시 따라다니며 말을 건다. 상대는 무슨 일이 있어도 당신이 화내는 모습을 보고 싶어 한다. 당신을 도발함으로써 놀림감의 먹이로 삼고 싶은 것이다.

그런 상대의 의도에 넘어가는 것은 결코 두고 볼 수가 없다. 이런 악담을 뒤집어썼을 때는 분노가 치밀어도 절대 대답하지 말아야 한다.

우선 후, 하고 크게 들릴 정도로 한숨을 쉬어주자. 상대를 순간적으로 노려본 후 '또 시작이야?'라는 동정 섞인 표정을 지을 수 있으면 성공이다. 우선 팔을 어깨보다 높이 올려 기지개 켜는 자세로 호흡을 정돈하자. 도저히 화가 가라앉지 않으면 일단 그 자리를 피해도 좋다. 어쨌거나 한마디도 하지 않아야 상대를 맥 빠지게 할 수 있다. 말없이 무표정으로 상대를 깔보는 행위는 상대에게 불안을 조성한다. **침묵은 방어를 위해서라기보다 시간의 흐름과 함께 공격 효과까지 발휘하기 위함이다.**

그는 '이 인간은 도대체 무슨 생각인 걸까?' 하고 불안해할 것이다. 무반응 자체가 점점 불안감으로 바뀌어 부메랑처럼 되돌아가는 것이다.

심리 기술 010

얼음장처럼 차가운 사람의 마음과 귀를 열기

극소 의뢰

늘 불안해하면서 일에 쫓기는 사람이나 짜증이 극에 달한 태도로 일하는 사람에게는 가능하면 접근하고 싶지 않다. "지금 바쁘다고! 보고도 몰라?" 하고 도리어 화를 낼지도 모르기 때문이다. 그러나 긴급한 사정이 생기면 다가가서 판단이나 이해를 구해야 하는 상황도 생긴다.

그럴 때는 '잠깐' '딱 3분만 허락해 주시겠습니까?' 같이, **아주 짧은 시간을 할애해 달라는 조건을 걸어 부탁해보자.**

직원	부장님. 아주 잠깐, 1분 30초 정도 시간 괜찮으십니까?
상사	지금? 무지 바쁜데. 어떤 거, 뭐야? 말해봐.
직원	저, A업체 건인데요, 가격을 5퍼센트만 낮추면 주

	문 수량을 70로트*까지 수주할 수 있습니다.
상사	또 흥정이야? 어쩔 수 없지. 5퍼센트만이야.
직원	감사합니다. 승인 부탁드립니다.

 이런 느낌으로 불시에 밀어붙이면 의외로 쉽게 승인받을 수 있다. '잠깐'이라는 조건을 붙이면 '잠깐이라면 응해줘야지'라는 양심에 자극을 받기 때문이다.
 전화로 약속 시간을 잡고 싶을 때도 유용하다.

영업사원	새로운 계획 소프트웨어에 관해서 3분만 설명 드리러 찾아뵙고 싶은데요.
거래처	어차피 3분 만에 안 끝나잖아요. 지금 정말 바쁘다고요.
영업사원	꼭 3분 만에 끝내겠습니다. 약속할게요. 바쁘신 분께는 늘 그렇게 하거든요.
거래처	흠. 정말이에요? 그럼, 정말 3분짜리 모래시계 갖다 놓을 겁니다.
영업사원	감사합니다. 곧 방문하겠습니다.

* **로트(lot)** : 동일 조건으로 제조되는 제품의 제조 수량이나 출하 수량의 최소 묶음 단위로, 제조하는 현장의 효율성과 비용에 맞추어 로트 설정 단위가 다르다. 가령 1로트부터 제조한다고 히면 50개를 1로트로 할 수도 있고, 1,000개를 1로트로 할 수도 있다.

심리기술 011

여러 번 거절해도 안 먹히는 상대를 다루는 방법

회피

술자리에서 꼭 상대를 붙잡고 늘어지는 사람이 있다. 가능하면 그런 사람과는 술을 마시지 않는 게 최선이지만, 타이밍에 따라 어쩔 수 없이 마셔야 할 때도 있다. 취한 사람이 치근대기 시작하면 어떻게 상대를 제어해야 좋을까? 그리고 그가 직장 상사라면?

상사 이봐, 좀 더 마셔. 나만 마시는 거 아냐? 자네도 같이 가자고, 고!

직원 부장님, 죄송합니다. 전 이제 가봐야 할 것 같습니다. 내일 일찍 출근해야 해서요.

상사 뭐야, 내일 어디 가는데? 난 들은 게 없는데, 괜찮으니 마셔.

직원 죄송합니다. 어쨌든 오늘은 감사합니다.

이렇게 **상대가 본격적으로 물고 늘어지기 전에 서둘러 자리를 떠서 피하는 게 상책이다.** 붙잡혀도 뿌리치고 귀가하자. 취한 상태이므로 어차피 기억도 불명료하다.

뿌리치지 못한다면 그 자리에서 계속 함께 해야 하거나, 마지막에는 제 몸도 가누지 못하는 상대를 돌봐주기까지 해야 한다. 그 단계에서 방치하면 보호의무위반으로 범죄가 된다.

택시에 실어 놓으면 운전사가 옮겨줄 것이라는 기대도 금물이다. 운전사는 만취자를 승차 거부할 수 있기 때문이다. 지체할 필요 없이 혼자 남겨두고 돌아가 버리면 상사도 결국 쓸쓸해져서 귀가할 것이다.

"이렇게 되기 전에 손을 쓰자!"

심리기술 012

품위 없고 비상식적인 사람의 언행을 바로잡기

거울 효과

타인의 의견에 습관적으로 야유하거나 격이 떨어지는 말과 행동을 아무렇지 않게 하는 사람이 있다. 그런데 정작 본인은 그것을 부적절한 일이라고 인식하지 않는 경우가 많다. "나는 솔직하니까." "나는 원래 대놓고 말하는 성격이야." 하며 자기 발언에 뿌듯함마저 느끼기까지 한다. 분명한 사실을 말하는데 뭐가 나쁘냐고 의기양양하며 분위기를 흐리는 줄도 모른다.

이런 사람이 한 발언은 한 귀로 흘려듣지 말고 일일이 확인시키듯 앵무새처럼 따라 해주자. **자신이 얼마나 부적절한 말을 했는지 자신이 직접 들어보도록 하는 것이다.** 자신의 품위 없고 추잡한 표정을 거울처럼 비추어 강제로 보여주는 기술이다.

주부 A	뒷집 사모님 최악이에요. 한밤중에 쓰레기 내다놓지 말라고 몇 번이나 주의를 주었는데 아무렇지도 않게 내놓는 거예요. 또 한 번 그랬다간 한밤중에 내놓은 쓰레기를 그 집 정원에 모두 쏟아버릴까요? 우리, 같이 해요. 정의를 위해서.
주부 B	네? 쓰레기를 정원에 쏟는다고요? 정의를 위해?
주부 A	그러니까, 피부로 깨닫게 해주는 게 제일 좋아요.
주부 B	피부로 깨닫게 하는 게 제일 좋다고요?
주부 A	좀 그럴까요?

・・・

동료 A	있잖아, 과장님 댁 사모님 엄청난 뚱보인 거 알아?
동료 B	뭐라고? 엄청난 뚱보라니, 그게 무슨 말이야?
동료 A	응? 아, 아니, 뭐 그냥 농담한 거야.

자신의 부주의한 발언을 되새김질 당하면 바로 민망해진다.

심리 기술 013

지각을 밥 먹듯 하는 직원의 행동을 개선하려면

자기 대면

출근할 때마다 지각하는 사람이 있다. 컨디션이 안 좋다는 핑계로 늦는 사례가 많겠지만, 실제로는 전날 숙취 때문이거나 밤샘 끝에 늦잠을 자서 지각하는 게 이미 습관이 되어버렸을 확률이 높다. 이런 습관은 철저하지 못한 자기관리로 이어져 업무에도 지장을 미칠 수 있다. 어느 쪽이건 직장인으로서의 자각이 부족한 것은 말할 필요도 없다.

보다 못한 상사가 "회사가 장난 같나?" "이럴 거면 때려치워!" 등으로 여러 번 호통을 쳐도 뉘우치는 기색도 없이 오히려 상사의 갑질 발언이라고 몰아세울지도 모른다.

이런 사람은 아무리 상사한테 혼나고 창피를 당해도 다시 시간이 흐르면 같은 행동을 되풀이한다. 좀처럼 행동 습관이 개선되지 않는 이유는, 마음 깊은 곳에서 '겨우 지각인데 어때?' 하며 그다지 나쁜 일이라는 생각을 하지 않기 때문이다.

이런 경우에는 세 번 지각하면 하루 결근으로 처리한다는 입사 시 업무 규정이 있었다고 해도, 너무 과할 정도의 무거운 대가라고 자기 행위를 정당화하려고 한다.

  이런 직원에게 상사로서 귀가 따갑게 설교하는 것도 지겨울 것이다. 한심한 부하직원의 실태에 대응해야 하는 상사로서의 입장이 애처롭기까지 하다. 그런 직원의 행동을 개선하려면 다음과 같이 표현하자.

상사	아키야마 군, 또 지각이군. 아, 이유는 말 안 해도 돼. 또 늦잠 잤지?
직원	네! 정말 죄송합니다. 업무에 지장을 드려 죄송합니다.
상사	그러면 어떻게 해야 지각하지 않고 출근할 수 있을지 지금까지의 원인과 대책을 보고서로 정리해서 이번 주 안으로 제출해 주겠나? 내가 할 말은 이상이야.
직원	네? 보고서로요? 네, 아, 알겠습니다.

이와 같이 중대 사태로 인식하게 해서 **자기 자신을 똑바로 보게 하는 게 가장 효과적이다.**

심리 기술 014

흥분해서 말을 끊고 자기 말만 맞다고 하는 사람에게는

즉시 지적하기

대화 도중에 "아니, 근데 그게 아니라," "그거 아닌데?" 등으로 바로 끼어들어서 멋대로 자기 이야기를 시작하는 사람이 있다.

이런 사람과는 대화의 캐치볼이 성립될 수 없다. 사람의 이야기를 끝까지 끈기 있게 들으려고 하지 않으므로 대화 자체가 의미 없다. 그러니 당연히 아무도 말을 걸고 싶어 하지 않는다. 그렇다고 대화를 안 할 수는 없는 상황에서 쓸 수 있는 기막힌 방법이 있다.

동료 A   제품 견본의 반출 규정을 정했는데 한번 봐주세요. 이 제품 특성상······.

동료 B   근데 이 제품은 저번에 말했던 거 아닌가?

동료 A   자, 먼저 제 이야기를 들어봐요.

동료 B	아니, 잠깐. 그거 저번에 했던 이야기잖아요.
동료 A	그래서 설명을 들어보라고 했잖아요.
동료 B	아니! 왜 했던 이야기를 또 하는 거예요?
동료 A	그 제품이랑 관련된 이야기라 그래요.
동료 B	(상기된 채) 아니! 그럼 그렇게 이야기하고 말했으면 되잖아요?
동료 A	내가 설명을 들어달라고 했는데 말을 계속 끊은 건 B씨예요. 이게 이렇게 길어질 대화예요?

이렇듯 화낸 순간을 곧바로 증거로 들이밀도록 하자. 그러면 본인도 점차 감정을 제어하게 될 것이다.

화낸다는 행위가 얼마나 주위 사람을 불쾌하게 하고 사회인으로서 부끄러운 태도인가를 인식시키는 것이 제일이다.

" 화내고 있다는 사실을 "
그 자리에서 짚어주자!

심리기술 015

자기 방식만 고수하는 고집쟁이를 다루는 방법

고집의 종류

자신이 정한 방식이 곧 법이라고 생각하는 사람이 있다. 그 방법만이 합리적이고 실수도 발생하지 않는, 익숙해서 안심되는 방법이라는 믿음에 의문을 품지 않기 때문이다.

그러나 많은 직장 업무의 경우에 팀 단위로 수행해야 하므로 개인의 일하는 방식을 바꾸어야 하는 상황도 물론 생긴다. 이 경우 자기 고집을 꺾지 않는 사람일수록 저항이 격해진다. 고집은 자기방어의 일종이라서 억지로 버리게 하면 몸을 보호하는 갑옷을 벗기는 듯한 불안에 휩싸이게 된다.

"싫은데. 방식을 바꾸는 게 모두를 위해서라고 하지만 적어도 나를 위해서는 아니니까 나는 지금까지 했던 방식대로 할 테니 알아서 해."

이런 식으로 초반부터 거절당하면 난감하다.

고집불통인 사람은 주위에서도 "저 사람은 고지식해." "고집불통에 협조성도 없는 사람이야." 같은 뒷담화를 피할 수 없다. 결국 이런 사람은 사회적인 고립을 피할 수 없어진다. 하지만 본인도 이미 자각하고 있으므로 이제 와서 끄떡하지 않는다. 그러니 직장에서 완고해 보이는 사람을 발견한다면 지금 여기서 나누는 이야기를 기억해 적용해보라.

주장이 완고한 사람에게는 그 사람만의 어느 정도 규칙이 있다. 그것을 충분히 이해한 다음에 그 규칙을 높이 평가해 두는 것이다.

"당신의 방식은 참 대단해요."

아집이 있는 사람은 자기만의 규칙을 인정해 주는 사람에게는 생각 외로 친절하게 대해준다. 자신을 알아주는 극히 드문 이해자理解者이기 때문이다. 그와 특별한 관계를 쌓아놓을수록 막상 일의 흐름을 바꾸기 위해 상담하면 **새로운 긍정적 '고집'을 구축해 준다.**

심리 기술 016

새로운 고객도 좋지만 기존의 고객도 기회가 된다

쿨리지 효과

영업 사원의 입장에서 새로운 고객을 끌어들이는 일은 쉽지 않다. 물론 우리 제품의 좋은 점을 홍보하는 것이 영업의 기본이겠지만, 가끔은 과거 구매 이력이 있는 고객을 공략하는 것 또한 방법이 된다.

새 스마트폰을 구매한 지 얼마 되지 않았을 때는 흠집이 생길까 애지중지한다. 하지만 시간이 흐르고 나면 새로 나온 제품에 눈이 가게 되는 게 사람의 심리이다. 그리고 어느새 새로운 스마트폰을 구매한 자신을 볼 수 있다.

실제로 휴대폰을 구매하고 2년이 지나고 나면, 대리점에서는 기존 고객에게 광고성 문자 메시지를 발송한다. 새로운 자극을 원하는 사람의 심리를 이용하는 것이다.

"안녕하세요? 2년 전 저희 가게에서 스마트폰을 구매하신 손님이

시죠? 이번에 기능이 업그레이드된 신제품이 나와서 연락드렸습니다."

인간의 본능적 욕구를 생각하면 쿨리지 효과*가 떠오른다. 새로운 자극을 추구하는 인간의 심리를 이용한 재치 있는 방식이 아닐 리 없다.

---

* **쿨리지 효과(Coolidge Effect)** : 새로운 자극을 욕망하는 인간의 본능을 이르는 것.

심리기술 017

기죽어 있는 부하직원의 사기를 끌어올리는 방법

피그말리온 효과

일에서 실수가 잦고 실적도 그저 그런 부하직원을 두면 피곤해지는 건 그의 상사이다. 그런 부하직원은 스스로 자격지심을 갖고 있어서인지 태도에도 자신감이 없고 기운이 없다.

"안녕!" 하고 아침에 제일 처음으로 말을 걸어도 "아, 안녕…하세요." 하고 기어들어 가는 목소리로 응답한다.

"네가 그래서 안 되는 거야!" 하고 소리라도 지르고 싶겠지만, 역효과다. 부하직원이 더욱 위축되어서 출근거부증에라도 걸리면 상사의 갑질이라며 공론화될지도 모른다. 상사의 역할은 부하직원에게 일에 대한 의욕을 북돋우는 일이다. 구석으로 몰아넣어 우울감에 빠져들게 한다면 실격이다.

의욕이 떨어지거나 자신감을 잃는 건 자신이 인정받지 못해서라고 느끼는 사례가 가장 많다. 자기효능감이 떨어지기 때문에 모든 면에서 어정쩡한 자세를 취하게 된다. **기대감을**

품고 정성스레 피드백을 이어가 주면 점차 효과도 올라간다.

심리학 용어로 유명한 피그말리온 효과^{Pygmalion Effect}가 있다. 키프로스 섬의 왕 피그말리온이 상아로 만든 여신상에 기대를 안고 기원하였더니 인간이 되었다는 그리스신화를 기반으로 만들어진 심리작용이다.

"자네는 일하는 게 섬세하니 좋군."
"진중하고 똑 부러지는 게 자네 장점이야."

바라는 모습을 응원하며 기대를 저버리지 않는다면 이윽고 결실을 본다는 뜻이다. 주위의 관심이 작업자의 생산성 향상에 영향을 미친다는 호손 효과^{Hawthorne Effect}도 동시에 작용할 것이다.

“ 자신감 없는 부하직원은 몰아붙이지 않는다! ”

심리기술	말도 안 되는 목표를 강요하는
018	상사의 기대치 낮추기

정박 효과

광어 눈 상사*는 자기 부하직원의 일보다 자기 윗사람에게 시선이 쏠려있다. 상부에 좋게 평가받는 일에만 몰두해 부하직원에게는 과도한 요구를 들이민다. 큰 목표치를 부하직원에게 요구할수록 그에 맞춘 성적이 나온다는 논리로 마음을 다잡는 것이다.

그러나 **달성 불가능한 과도한 목표는 수박 겉핥기식으로 변질되어 의미를 잃는다.** 잘될 리가 없으므로 동기부여는 낮아지고 일에 눈길도 주지 않게 된다. 상사가 정하는 수치 목표는 손이 닿을 듯한 범위로 하지 않으면 힘들어진다.

* **광어 눈 상사**: 눈이 위에 붙은 광어처럼 윗사람의 안색만 살피면서 부하직원에게는 관심을 두지 않는 관리직을 빗댄 표현.

상사	올해는 전년 대비 20퍼센트 상승을 목표로 해주길 바라네. 기대하겠어.
직원	부장님, 멋진 생각이긴 한데, 올해는 경쟁상품도 늘었으니 전년 대비 80퍼센트라도 채우면 다행입니다. 기술을 업그레이드하지 않으면 우리 제품은 하향곡선을 타기만 할 것입니다. 마케팅의 아버지 필립 코틀러가 말하듯, 우리 제품은 이미 라이프 사이클*이 끝났어요.
상사	뭐, 뭐라고? 그럼, 전년 대비 마이너스잖아. 이럴 수가…….
직원	하지만 타사도 목표치를 점점 낮추고 있습니다. 실상은 포화상태입니다.
상사	어, 어떻게든지 해봐. 하다못해 작년 수준에 맞추어 100퍼센트로 할 수 없겠나?
직원	무리입니다. 전년 대비 80퍼센트도 힘든 수치입니다.
상사	음, 그럼 90퍼센트까지는 안 될까? 무슨 수를 써서라도…….

* **라이프 사이클** : 필립 코틀러(Philip Kotler)가 제창한 마케팅 전략으로, 제품에도 도입기와 성장기, 성숙기, 쇠퇴기가 있으며, 각 시기에 맞는 과제와 전략을 짜야 한다는 원리.

직원	너무 위험합니다. 90퍼센트까지 도저히 도달하지 못합니다.
상사	자네, 임원진한테 수치 목표를 보고해야 하는 나도 좀 생각해줘.
직원	그럼 85퍼센트는 어떻습니까? 달성은 어렵지만 이 정도라면 타협하실 수 있을 겁니다.
상사	아, 알겠네. 그럼, 전년 대비 85퍼센트로 예산을 책정해달라고 하지.

애초에 80퍼센트라는 숫자를 떡하고 제시하면 그것이 배의 닻처럼 작용해 그 지점부터 좁은 격차로 교섭하게 된다(정박 효과*). 특히 가격 흥정 교섭에서는 커다란 위력을 발휘한다.

---

* **정박 효과(앵커링 효과, Anchoring Effect)** : 배가 닻을 내리면 배와 닻을 연결한 줄의 영역 안에서만 움직이듯이, 처음에 제시한 숫자나 사물이 기준점이 되어 그 후의 판단에 영향을 미치는 현상.

심리 기술 019

앞과 뒤가 다른 부하직원의 행동 개선하기

거짓말

상사 위치에서 부하직원을 대하다 보면, 누가 앞에서는 잘 따르면서 뒤에 가서 딴짓하는지 대체로 가늠이 간다. 부하직원은 들키지 않았다고 생각하겠지만, 대화할 때의 언어적 요소^{버벌, Verbal}와 비언어적 요소^{논버벌, Non-verbal}의 불일치가 파악되면 '아, 이놈은 대답만 잘하고 실제로 할 생각은 없구나'라는 식으로 자연스레 알게 된다. 입에서 나오는 말의 언어적 요소가 "알겠습니다. 오늘부터 실천하겠습니다." 같은 긍정적인 표현이라고 해도 표정이나 태도, 동작 등의 비언어적 요소가 '그걸 내가 왜 해?'라는 본심을 보여주기 때문이다.

이럴 때 거짓말이 들통난다. **표현하는 언어가 진실을 호소하는 것처럼 보여도 표정이나 동작에서 진실이 아닌 부분이 전달되어 버린다.** 인간의 눈과 귀는 매우 뛰어난 감각을 지니고 있으므로 '왠지 촉이 오는데?' 하고 진실을 꿰뚫는 일도 적지 않다. 반대로 누군가에게 거짓을 말할 때는 이 부분에 충분히 주의를 기울여야 한다는 뜻이기도 하다.

이런 방법으로 겉으로만 따르는 체하는 부하직원의 행동이 보인다면 우선 부정할 수 없는 증거를 붙잡아야 한다. 증거가 없으면 결백을 주장할 때 난처하다. 빼도 박도 못 할 증거를 잡았다면 이런 인간은 혼쭐을 내주어야 할 것이다.

상사로서 한 번 격하게 분노를 표명하는 게 중요하다. 겉으로만 따르는 인간은 상대를 깔보고 있기 때문이다. 평소에는 온화해 보여도 화가 나면 무섭다는 것을 알려주자.

심리기술 020

나보다 잘난 부하직원을 잘 다루기 위해서는

인핸싱 효과

늘 좋은 성적을 올리는 부하직원은 은연중에 상사를 무시하기 쉽다. 이런 상황은 개인적인 감정뿐만 아니라 업무에도 영향을 미친다. 상사가 무능하면 부하직원은 상사에게 보고, 연락, 상담조차 하지 않게 된다. 무능한 상사로부터의 뒤죽박죽인 지시나 명령을 받으면 의욕까지 떨어질 것 같기 때문이다. 이는 실제로도 일어나는 현상인데, 심리학에서는 '언더마이닝 효과'*라고 불린다. 공부를 잘하는 학생에게 주위에서 이러니저러니 공부 방식을 세세하게 지시하면 의욕이 떨어지는 것, 지금까지 좋아서 공부했는데 시험에서 만점을 받을 때마

---

* **언더마이닝 효과(Undermining Effect)** : 자발적으로 한 일에 보상이 주어지면 보상을 바라는 일로 변질되는 현상. 이에 반대 개념으로 인핸싱 효과(Enhancing Effect)는 보상을 통해 자발적 동기가 강화되어 자연스레 의욕이 상승하는 효과를 뜻한다.

다 용돈을 건네주면 공부 목표가 용돈으로 바뀌어 오히려 의욕이 감퇴하는 것도 잘 알려진 예다.

그렇다고 해서 억지로 강요하는 것도 안 된다. 이런 경우에는 언더마이닝 효과의 역 버전인 '인핸싱 효과'를 쓰면 유효하다.

상사	A씨, 우수한 성적을 올려주어 고맙네. 이번에도 Q사와 어려운 교섭에 성공했어. 대단해. 그런데 어떤 방식으로 접근해서 계약까지 도달할 수 있었는지, 그 부분의 비결이나 경험담을 꼭 들려주지 않겠나?
직원	네? 비결이나 경험담요? 그야 하나둘이 아니죠.
상사	그러면 꼭 내가 배울 수 있도록 차근차근 알려주겠어?

이렇듯 상사가 부탁하는 자세를 보이면 부하직원은 자극받아 스스로 먼저 이야기를 꺼낸다. 인핸싱 효과란 **원래 의지(내발적 동기)가 있는 사람에게 외부의 칭찬(언어적 보수)이 가장 효과적**이라는 뜻이다.

심리 기술 021

선 넘는 아랫사람을 손안에서 움직이는 방법

반발심

당신이 상대보다 더 높은 위치에 있는 경우임에도 불구하고 반말에 가까운 언어를 쓰거나, 당신의 실수나 실태를 알아차리자마자 과장되게 난리 치면서 수치심에 불을 지피는 사람이 있다. 자신이 아랫사람인 게 마음에 들지 않고, 등을 곤추세우고 이쪽과 대등하다, 자신이 원래는 우위에 있다는 식으로 어필하고 싶은 것이다.

이런 인간에게 주의를 주어도 "네? 그런 의도로 한 말은 아닌데요." 또는 "오해하신 거예요. 그런 것에 집착하셨던 거예요?" 하고 받아치려고 할 것이다. 당신의 그릇이 작다고 말하려는 듯한 대사에 더욱 화가 돋는다. 이런 상대는 **멋대로인 자존심을 이용해 주는 게 좋을 것이다.**

"토익 800점 이상인 자네라도 내일까지 번역하기는 무리겠지?"

"영업력이 뛰어난 자네라도 대기업인 S사로부터 주문을 따오기는 힘들겠지?"

"아무리 일 처리가 빠른 자네라도 내일까지 보고서를 작성하기는 힘들지?"

"아무리 술을 잘 마시는 자네라도 이 독주를 단숨에 마시는 건 한계가 있지?"

칭찬하면서 깎아내리면 반발심이 몽글몽글 올라오는 게 제멋대로인 인간의 성질이다. 본인이 잘하는 분야라는 자부심에 자극을 주면서 귀찮은 일을 계속 안겨주자.

" 상대의 반발심을 이용하자! "

심리 기술 022

상대의 도발에 넘어가지 않는 법 ①

체감 컨트롤법

비아냥거리거나 불편한 말을 들으면 누구나 울컥하고 화가 치민다. 자칫 심한 욕이라도 들으면 순식간에 머리에 피가 거꾸로 솟는다.

그렇다고 화를 내면서 대응하면 상대가 의도하는 함정에 빠지고 결국에는 진흙탕 싸움으로 빨려 들어갈지도 모른다. 치밀어오르는 분노를 꾹 누르며 참기만 해도 스트레스가 쌓일 뿐이다.

1장에서는 싫은 상대, 불편한 인물에 대한 공략법을 전한다. 상대에게 정면으로 온 힘을 다해 상대하는 것이 아니라 다양한 심리기술을 구사해 교묘하게 공격하고 되받아치는 방법론이다. 이번 기술에서는 싫은 상대, 불편한 인물과 마주했을 때에도 흥분하거나 긴장하지 않는 방법에 대해 좀 더 나누려고 한다. **순간적으로 화를 진정하고 냉정해지는 이 방법을 '체**

감 컨트롤법'이라고 한다.

  체감 컨트롤법은 독일의 정신의학자 J. H. 슐츠 박사가 고안한 자기최면 유도법인 '자율훈련법'에 바탕을 둔 흥분, 긴장 완화법이다. 인간을 포함한 동물은 적과 대면하면 자율신경계인 교감신경이 자극받아 즉시 흥분, 긴장할 수밖에 없다. '싸우느냐, 도망가느냐'의 절박한 상황이기 때문이다. 그렇기에 재빨리 행동할 수 있도록 전신의 근육이 경직되고 호흡은 얕아지며 심장의 박동도 빨라져 땀도 많이 난다. 동공도 확장되고 상황을 꿰뚫고자 눈도 동그래진다. 이 상태는 매우 불쾌하다. 그리고 냉정한 사고력이나 판단력을 잃기 쉽다.

  그래서 체감을 통해 뇌를 통제(교감신경을 진정시키고, 이완 상태에서 작용하는 부교감신경을 자극)할 필요가 있다.

  뇌를 이완시키려면 우선 천천히 심호흡해야 한다. 이어서 몸에서 힘을 빼도록 시도하자. 눈을 가늘게 뜨고 가까운 곳을 보고 있어도 먼 곳을 보듯 눈에 초점을 흐린다. 이때 손바닥에 땀이 나면 즉시 닦는다. 이렇게 함으로써 뇌에 평상시와 다름없는 상태라는 신호를 보내 부교감신경을 자극하는 것이다. 그러면 점점 마음이 안정됨을 느낄 것이다.

" 평정심으로 도발을 무시하자! "

교감신경이 자극되면 나타나는 현상

- 동공이 확장되고 눈이 커진다.
- 땀이 많이 난다.
- 목이 마른다!
- 혈압이 상승한다!
- 체온이 상승한다!
- 냉정한 사고가 불가능하다!
- 온몸이 경직된다!
- 혈류가 늘어난다!
- 심장 박동이 격해진다!
- 호흡이 얕아진다!

부교감신경을 자극하자!

- 눈을 가늘게 뜬다!
- 천천히 심호흡한다!
- 점점 안정을 되찾는다!
- 어깨와 팔, 온몸에 힘을 뺀다!
- 손바닥의 땀은 닦아내고 손을 편다!

심리기술 023

상대의 도발에 넘어가지 않는 법 ②
의식 컨트롤법

'체감 컨트롤법'으로 온몸의 반응이 제자리로 돌아왔다면 이번에는 체감뿐 아니라 **의식작용을 통해 흥분이나 긴장을 날려버리자.** 이것이 '의식 컨트롤법'이다.

예를 들면 상대의 가시 돋친 말을 객관적이고 분석적으로 듣고자 애쓰는 것이다.

'이 사람은 화만 나면 말이 거칠어져서 알아듣기 힘들구나'
'이 사람은 어휘력이 부족한지 험한 말만 하네'

이렇듯 눈앞의 인물이 쏟아내는 대사를 객관적으로 들으면서 관찰하다 보면 점점 차분해진다. '자신을 향해 날아오는 대사'라는 인식을 의도적으로 차단하기 때문이다. 또 눈앞의 인물을 무언가의 기묘한 물체인 양 객관적, 분석적으로 받아들이는 방법도 효과적이다. 얼굴의 이목구비나 복장 등의 일부를, 실눈을 뜨고서 비판적으로 관찰한다. 의식을 이런 식으로 집중하고자 하면 신기하게 마음은 안정을 되찾고 평정에 가까워질 수 있다.

2장

원하는 것이 있다면 즉시 행동하라

NO를 YES로 바꾸는 설득의 기술

심리 기술 024

갑작스러운 요구나 질문으로 대답을 얻어내기

허 찌르기 효과와 오전제 암시

누구나 갑작스러운 부탁을 받으면 순간적으로 사고가 멈춰버린다. 그리고 최악의 경우 그 사이에 나도 모르게 부탁을 승낙해 버리기도 한다. 일단 받아들여야 할 것이라는 암묵적 지식이 있기 때문이다.

선배　요시무라 씨, 지금 당장 이 서류를 B사에 전해줄 수 있겠나?

후배　네? 아, 네!

상대의 기세에 눌리면 나도 모르게 대답해 버린다. 선배나 상사 등 자신보다 우위에 선 사람이거나 미움받고 싶지 않은 짝사랑하는 사람의 의뢰면 특히 더하다.

허를 찌른다는 말이 있듯, **사람은 예기치 않은 상황에서 갑**

작스럽게 공격당하는 형태에 약하다. 기세에 눌려서 일순 머릿속이 새하얘지고 무심코 승낙하는 답변을 해버린다.

이 암묵적인 승낙은 이성과 다음 데이트 약속을 잡을 때도 쓸 수 있다. 헤어질 시간이 가까워질 즈음에 이렇게 말하는 것이다.

남성	그럼 다음 주에는 긴자에서 만날까요?
여성	네? 아, 그럴까요?
남성	유코 씨가 좋아하는 가게가 긴자에 있으니 그게 좋을 것 같네요.
여성	어? 아……. 그럼, 긴자역에서 봐요.

이렇듯 갑작스럽게 '만나는 것이 전제'인 것처럼 질문받으면 얼떨결에 수긍해버린다. 이는 '오전제^{誤前提} 암시'라 불리는 현상이다.

게다가 양자택일해야 하는 상황이라면 친화 효과가 작용해, 나중에 제시되는 어휘가 강조되어서 그쪽으로 유도된다(계열 위치 효과라고도 한다). 마치 '좋은 사람이지만 짠돌이'라는 표현은 비호감으로, '짠돌이지만 좋은 사람'이라는 표현은 호감으로 들리는 원리다.

식당 직원이 갑자기 "식후의 음료는 홍차와 커피 중 어떤

것으로 하시겠습니까?"라고 물었을 때 무심코 커피를 부탁한 경험이 누구에게나 있을 것이다. 상대가 방심한 상황에는 이 수법을 쓰자.

심리 기술 025

정말 팔고 싶다면 희소가치를 강조하라

한정·희소성의 법칙

채소가게 입구에서 "사모님, 이거, 굉장히 맛있어요. 얼른 사 가세요."라는 말과 "사모님, 이 사과, 맛있다고 소문났어요. 앞으로 딱 네 개 남았습니다!"라는 말 중 어떤 말이 구매자의 마음을 움직일 수 있을까?

상대가 한정을 두거나 희소성을 어필하면, 집중도가 늘어나고 마음도 움직인다.

상점가를 걷는 도중에 갑자기 "자, 지금부터 딱 10분! 2만 원짜리 액세서리가 단돈 만 원!"이라고 홍보하면 사람들은 얼떨결에 가판대로 모인다. 지금 사지 않으면 손해일 것 같기 때문이다. 충동구매를 부르기 위한 최적의 세일즈 토크가 기회를 놓치고 싶지 않다는 심리에 불을 붙인다. 심리학에서 '한정 테크닉' '희소성의 법칙'이라고 불리는 현상으로, 상대를 설득할 때 자주 쓰인다.

"이건 자네만 할 수 있는 일이야."
"자네니까 부탁하는 거야."

'당신밖에 없다'라는 희소성을 내세우면 높이 평가받는다고 착각해서 무심코 'YES'라고 대답해 버린다.

"행동력 있는 자네니까."
"자네야말로 이 일의 적임자야."
"믿을 사람은 자네뿐이구만."

이런 설득의 표현을 이용하면 거절당할 일도 흔쾌히 승낙될 것이다. 다른 사람에게 인정받아서 기분 나쁠 사람은 아무도 없기 때문이다. 꼭 부탁한다면서 기대오면 약해지는 법이다.

> **한정·희소가치로 구슬리기!**

심리기술 026

경쟁 상대를 밀어내고 YES 얻어내기

접종 이론

'접종 이론 Inoculation Theory'은 사전에 마이너스적인 요소를 주입해 두면 인플루엔자 백신을 접종받은 것처럼 바이러스 저항력이 강해져서 인플루엔자에 걸리지 않게 된다는 원리다.

상사   자네한테 이번에 맡길 P사는 강렬한 가격 흥정을 요구해 올 것이니 조심해.

직원   알겠습니다. 방어선을 탄탄하게 세워둘 계획이니 저쪽 뜻대로 되지 않을 겁니다.

상사   저쪽에서는 반드시 타사 제품과의 성능 비교를 문제 삼을 거야. 그러니 사전에 타사의 데이터를 모아 분석해 두는 게 좋아. 그리고 타사에서 이용할 만한 우리 회사의 약점은 먼저 설명해서 약점이 되지 않도록 P사를 잘 구슬려놔야 해.

이렇게 거래처의 경쟁제품 간 비교로 자사 제품이 열세에 서지 않도록 손을 써놓으면 경쟁제품을 밀어낼 수 있다.

P사	솔직히 망설이고 있습니다. 귀사의 제품으로 할지 Q사 제품으로 할지.
직원	검토해 주시니 감사합니다. 저희 제품은 Q사의 것과 비교해서 가격이 높기는 하지만 그만큼 내구성에 자신이 있습니다.
P사	근데 왜 내구성 기준을 표시하지 않습니까? Q사에서는 3년 동안 보증으로 10만 시간까지 내구성능을 주장하는데요.
직원	네. 맞습니다. 말씀하시는 대로 저희의 제품 보증 기간은 1년으로 짧고 내구 시간도 명시하지 않았습니다. 단지 저희는 관리 서비스에 절대적인 자신이 있습니다. 저희 시리즈 제품은 20년 동안 판매된 롱 셀링Long Selling 상품이고 Q사 제품은 아직 3년 차입니다.

Q사가 공격해 오리라 예상되는 부분을 사전에 백신으로 접종해 두는 것이다.

심리기술 027

NO라고 말하기 어려운 상황을 만들어라

런천 테크닉과 연합 원리

좋아하는 여성과 데이트하고 싶을 때는 "다음에 식사 한번 하시죠." 등의 말로 약속을 잡는다. 중요한 거래처 상대에게도 "가까운 시일 내에 꼭 자리 마련하겠습니다." 등의 말로 술자리에 초대한다. 식사로 만남을 유도하는 방법은 친해지기 위한 합리적인 방식이다. 사람에게 식사 시간이란 쾌락을 느끼는 순간이다. **맛있는 음식이나 멋진 분위기를 만끽하는 동안에는 기분이 좋으니 대립을 피하고 부정적인 생각을 하고 싶지 않다는 심리가 작용한다.**

그렇기에 '교섭할 때는 무언가를 먹으면서 하는 게 유리하다'라는 공식이 성립한다. 이는 심리학에서 '런천 테크닉 Luncheon Technique, 오찬 기법'이라 불리는 방법론으로, 식사 자리에서는 상대의 요구나 부탁에 NO라고 대답하기 어렵고 YES의 승낙을 해버리기 쉽다는 뜻이다(런천은 원래 오찬이라 해석하며 중식을 말한다).

한편, 주거래 고객을 접대하는 일은 우호 관계를 유지하기 위해 매우 중요하고 의미 있는 일이다. 이는 '연합 원리'라는 무의식적인 심리가 작용함으로써 일어나는 현상이다.

연합 원리란 두 가지 다른 대상이 의식 속에서 연결되어 버리는 현상이다. 맛있는 식사와 상대의 인격이 연결되면 상대에게 호감을 느끼고, 즐거운 분위기에서는 상대의 부탁도 당연하다고 여긴다. 무의식적으로 마음에 침투하기 때문에 어느 틈에 저항하기 어려운 심리를 형성한다. TV 광고에 인기 배우를 쓰는 것도 배우의 호감도와 홍보하고 있는 상품을 연계하는 효과를 기대하기 때문이다. 내가 사는 지역의 축구팀을 열심히 응원하는 팬이 있는 것도 연합 원리가 작용해서 자신과 팀이 일체화한 것이다. 팀이 승리하면 자신이 승리한 것처럼 뿌듯하고 기쁘다. 올림픽에서 우리나라 대표팀을 응원하게 되는 것도 마찬가지다. 고가의 명품을 몸에 걸치고, 사업에 성공한 남성이 미녀를 대동하고 다니는 것 또한 연합의 원리가 작용한 예다. 고급 브랜드나 미녀에 어울리는 자신을 무의식적으로 과시하는 심리가 그렇게 시키는 것이다.

심리 기술
028

부정적으로 말하고도 YES 얻어내기
단면 제시와 양면 제시

'중매쟁이의 말'이라는 용어가 있다.

"A씨는 매력적이고 성품도 착한 재원이에요."
"C씨는 대기업 엘리트 사원인데 성격도 싹싹해요."

혼담을 주고받을 때 양쪽을 챙기기 위해 서로에게 좋은 말만 던지기 때문에 그다지 신빙성이 없다는 예로써 쓰이던 표현이다. 제품 판매로 이끌기 위해 **자사 상품의 우수성만 강조하면 오히려 신용을 얻지 못하는 것**도 같은 원리다.

심리학에는 '단면 제시'와 '양면 제시'라는 용어가 있는데, 좋은 부분만을 어필하는 단면 제시가 신뢰받는 경우는 상대가 가진 경험이나 지식이 약할 때에만 국한된다. 지성이 높은 사람일수록 좋은 면뿐 아니라 약점까지도 양면으로 제시되는 쪽을 더욱 신뢰한다. 다음과 같이 써먹자.

"신제품이라 가격이 비싸지만, 기능은 세 배 우수합니다."

앞에서 언급한 친근 효과를 반영해 부정적 정보를 반드시 먼저 말하는 게 핵심이다. 비싸다는 말을 나중에 붙이면 부정적인 기억이 강해져서 나쁜 인상을 남기기 때문이다.

> **유능한 인재일수록
> 양면 제시에
> 설득당하기 쉽다!**

심리기술 029

'어라?' 하는 사이에 YES라는 대답 이끌기

인지적 불협화

사람은 자신에게 어울리지 않는다는 생각이 들거나 모순을 느끼면 상황을 받아들이지 못한다. '어째서?'라는 생각으로 혼란에 빠지고 진의를 알고자 한다.

직원 과장님! 이유가 뭡니까? 왜 입사 10년 차인 제가 K사를 맡아야 하냐고요. 솔직히 말씀드려서 K사는 너무 불량대리점이잖습니까. 계약도 안 지키고 입금도 늦으면서 타사 제품을 다루고 우리 제품을 딴 곳에 팔기도 하고요. 원래대로라면 대리점 계약을 해지해야 할 최악의 대리점이라고요.

상사 자네 말이 맞지만, 자네의 경력을 쌓는 데는 필요할 거야.

직원 네? 제 경력을 쌓는데요?

직원의 머릿속에는 더욱 물음표가 늘어날 것이다. 상사는 이어서 그럴듯한 논리로 대답해 주면 된다. "작은 대리점 담당 경험이 없는 것이 자네 승진의 약점이니까."라는 식으로 말이다.

사람은 무언가의 사건에 맞닥뜨렸을 때 그것이 자기 생각과 다르면 '어째서?'라는 생각에 불쾌함을 느낀다. 이를 심리학에서는 '인지적 불협화'라고 부른다.

이 불쾌감을 해소하려면 사건에 대처하는 방식을 바꾸던가 인식이나 사고법을 개선하는 수밖에 없다. 위의 상사는 부하 직원의 인지적 불협화를 이용해 설득을 꾀한 것이다.

모순을 해소하기 위해서는 본인이 이해할 만한 무언가 근거를 내어주면 된다. 상사가, "회사는 일을 하는 곳이 아니야!" 같은 상식을 뒤엎는 역설적인 말을 하면 직원들은 일제히 '에? 무슨 말이야?' '왜?' 등의 반응을 보이며 주목할 것이다. 나중에 "회사는 말이야, 사회적 공헌을 모색하는 곳이야."라고 덧붙여 말하면 마침내 그들은 이해한다.

최근에는 인지적 불협화가 '고객의 요구 따위 듣지 마라!'라는 과격한 비즈니스서 제목 등에 활용되기도 한다. '어째서?'라고 인지적 불협화 상태가 조성되면 저절로 주목도가 높아지기 때문이다.

심리기술 030

원하는 것이 있다면 적당히 자존심을 건드려라

칭찬과 친근 효과

다른 사람을 비방만 하는 사람은 주위로부터 미움받고 아무도 접근하지 않게 된다. 그렇다고 해서 누구에게나 싹싹하게 대하면서 듣기 좋은 말이나 아부 섞인 말을 건네는 눈치꾼이 호감을 살까? 역시 아무에게도 신뢰받지 못한다. **타인에게 늘 좋은 말만 하면 만사 제대로 흘러간다고 믿는 것은 큰 착각이다.**

심리학자 애런슨과 린다가 실험 대상자를 4개 그룹으로 나누어 진행한 유명한 실험이 있다.

A. 처음부터 끝까지 칭찬만 한다.
B. 처음부터 끝까지 비방만 한다.
C. 처음에는 칭찬하고 마지막에 비방한다.
D. 처음에 비방하고 마지막에 칭찬한다.

그 결과, 위 실험에 참여한 대상자들이 호감도를 느낀 상대는 D → A → B → C 순이었다. 처음에 자신을 비난하는 말을 들어도 마지막에 칭찬을 받은 게 가장 호감도가 높았고, 처음에 칭찬받아도 마지막에 비난을 받는 것이 가장 호감도가 떨어졌다. 여기에서도 나중이 좋은 효과인 '친근 효과'가 발동해 마지막의 기억이 강화되는 메커니즘이 작용하고 있음을 엿볼 수 있다. 가장 신뢰성이 높아지는 것이다.

상사   자네는 부주의해서 실수가 잦아. 그러나 누구에게도 지지 않는 끈기와 근성이 있지. 그 점이 높이 평가받아서 사무직에서 영업직으로 재배치되는 거야.

직원   그랬군요. 그럼 기뻐해야 할 일이네요. 좌천이 아닌 거죠?

상사   물론이지. 3~4년 후에 자네가 다시 돌아와야 우리 부서도 살지.

이처럼 상대를 구슬릴 때 쓸모 있다. 조심해야 할 점은 나중에 칭찬하면 호감도나 신뢰성이 높아진다고 해도 초반에 형편없이 깎아내리면 무의미해진다는 것이다. 어디까지나 적당히 낮추어 말하도록 하자.

심리 기술
031

가여움이나 동정을 유발하기
원조 행동

대낮에 교복 차림의 여중생이 지나가는 성인 여성에게만 "지갑을 잃어버렸는데 집까지 갈 택시비를 빌릴 수 있을까요?" 하고 당당하게 부탁했더니 한 명당 2만 원에서 3만 원씩이나 주더라는 실제 사례가 있다. 이 여중생은 푼돈 사기 혐의로 보호처분을 받기는 했지만, 아주 뛰어난 심리전략가다. 순수함이 남아있는 교복 차림의 여중생이기에 어른이 깜박 속아 넘어간 것이다.

심리학에 끼워 맞춘다면 생판 모르는 남에게서 원조 행동을 유발한 셈이다. 원조 행동이란 자신과 상대에게 아무 연관성이 없는데도 이타적으로 행동하는 것이다. **가엾은 피해 상황을 눈앞에 직면하면 마음이 흔들리게 마련이다.**

당사자   사실, 어제 집에 도둑이 들었어요. 예금통장이랑

도장, 컴퓨터 기기 세트 전체를 가져가 버리는 바람에 경찰이 현장 감식까지 하고 정신이 없어서 연락이 늦었습니다. 죄송합니다. 그런데 저, 일전의 건은 검토해 주셨는지요?

상대 어머나, 힘드셨겠어요. 아, 그 건은 오케이 났어요.

무언가의 피해를 당한 것과 일을 의뢰하는 것에는 아무런 관계도 없는데 NO라고는 말하기 어려워진다. 태풍을 뚫고 흠뻑 젖은 채 거래처에 주문받으러 가는 것도 나름 효과를 기대할 수 있다.

" 동정하는 마음이 들면 "
도와주고 싶다!

심리기술 032

같은 말도
조금 다르게 해보자

프레이밍 효과

같은 내용을 전할 때도 말투에 따라 이미지가 달라진다.

"수술이 실패할 확률은 30퍼센트입니다."라는 말보다 "수술이 성공할 확률은 70퍼센트나 됩니다."라는 말이 수술받도록 하기에 설득력이 높다.

'타우린 1,000밀리그램 함유'의 영양제는 꽤 잘 들을 것 같지만, 단위를 바꾸면 겨우 1그램이다.

'50명 중 한 명, 상품 구매가 무료 캠페인'이라고 들으면 굉장한 것 같으나, 당첨 확률은 겨우 2퍼센트다.

'세계가 만일 100명으로 구성된 마을이라면, 아시아인은 57명'이라는 말도 비슷한 의미로 이해하면 된다.

심리학에서는 이렇듯 틀을 바꾸어 상대의 심리를 유도하는 프레이밍Framing 효과가 유명하다. **사고의 틀을 어떤 식으로 바꾸는가에 의해 승부가 결정되는 것이다.**

아들　아버지, 역시 전 창업해야겠어요. 지금 20대니까 할 수 있는 일을 하고 싶어요. 지금 세대는 빨리 창업하지 않으면 의미가 없어요.

아버지　간신히 대기업에 들어갔는데 아깝지 않니? 20대에 창업한 사람 중 99.9퍼센트가 실패해. 실패하면 백수가 되거나 비정규직밖에 길이 없어.

이런 말을 들으면 아들도 내심 동요해서 달리 생각할지도 모르지만, 동료가 다음과 같이 부추기면 결국 직장생활에서 탈출해 독립창업으로 내달릴지도 모른다.

"우리가 실패한다고 누가 장담해? 1,000명에 한 명밖에 성공하지 않는다는 통계는 어디에도 없어. 대기업 샐러리맨이라고 해서 마음 놓을 수 없는 시대야. 나이 먹고 중장년이 되어서 잘리면 어디다 쓰지도 못하고 힘들어. 욕심을 부려라, 바보가 되어라, 하는 스티브 잡스의 말을 곱씹어보자고."

마이너스 사고가 습관인 사람에게는 긍정적 사고의 틀이 먹힌다.

심리 기술 033

비교하게 하여 YES로 유도하기

대비 효과

대비 효과Contrast Effect라 불리는 심리 현상이 있다.

초밥 식당에서 1인 메뉴에 '송松 22,000원, 죽竹 15,000원, 매梅 12,000원'이라고 적혀져 있을 때, 중간 가격에 해당하는 죽의 주문량이 가장 많다. '송은 조금 비싸네. 매가 제일 싸지만 이걸 시키면 없어 보이지 않을까'라는 식으로 허세가 들어가서이기도 하고, '중간 금액대를 선택하면 적당히 손해보지는 않겠지'라는 안도감도 작용하기 때문이다.

공인중개사에게 전세 물건을 소개받을 때도 최초로 소개받는 집은 희망 조건과 같은 가격대라고 해도 낡아서 그다지 볼품없는 곳이다. 중개사는 '최초에 본 물건으로 이 가격대라면 이런 수준입니다'라는 선입견을 심어주는 것이다. 그런 다음에 중개사가 팔고 싶은 집을 보러 가면 맨 처음 집보다 훨씬 좋아 보이므로 이쪽을 선택해 버린다.

상대에게 YES라고 말하게 하려면 **조건을 하나로 압축해서 스트레이트로 답변을 구하기보다 목표보다 높은 조건이나 열악한 조건의 것을 엑스트라 역혜일로 효과를 함께 제시해서 비교하게 하도록 하는 게 좋다.**

고객	이쪽 진열대에 있는 시계는 얼마인가요?
점원	이쪽은 모두 롤렉스 모델이므로 1,000만 원 이상입니다.
고객	우와 (엄청나게 비싸네, 넘보지도 못하겠어).
점원	고객님 같은 연배시라면 이쪽의 상품이 어떨까 싶은데요.
고객	호오, 이쪽도 유명 브랜드만 있네요. 금액은 어느 정도인가요?
점원	이쪽 것은 모두 100만 원대로 구매하실 수 있습니다.
고객	이쪽은 꽤 저렴하네요. 그럼, 이쪽에서 골라볼까.

100만 원대가 적정가격이라고 여겨지다니 신기한 일이다.

심리기술 034

소리 없는 자극으로 상대의 마음 흔들기

경악 효과

1장의 싫은 상대나 불편한 인물을 만났을 때의 사례에서, 사람이 긴장하거나 흥분했을 때는 교감신경이 자극받아 즉각적으로 컨디션이 달라진다고 설명했다. 호흡이 얕아지고 근육 경직으로 몸이 굳는가 하면 심박수가 증대하고 혈류가 활발해져서 혈압이 상승하고 땀 증가, 목마름으로 이어지는 일련의 작용 원리가 있는 것이다.

이런 상태에 빠지면 뇌도 흥분하므로 냉정한 사고를 하지 못하게 된다. 그렇기에 이 불쾌한 상황을 이어가고 싶지 않은 욕구로 인해 상대가 하자는 대로 따르는 경악 효과 Startle Effect가 일어난다.

사람을 긴장하게 하거나 흥분하게 하려면 소리를 지르거나 가시 돋친 말을 던질 필요 없이 위협만으로도 충분하다.

상사	자네는 자회사로 파견 나간다는 이야기가 있는데.
직원	네?! 파, 파견이라고요? 왜, 어째서 제가?
상사	음, 이유는 나도 모르지. 아마 사내 인사 구성을 재편하기 위해서겠지.
직원	싫습니다. 말도 안 돼요. 파견을 가면 회사가 바뀌는 거잖습니까?
상사	음, 아마도. 좋아, 그럼, 지방 지점으로 전근하는 쪽으로 변경해달라고 하지.
직원	꼭 그쪽으로 부탁드립니다. 파견만은 재고해 주십시오!

처음에 파견이라는 무서운 이야기로 놀라게 하면 지방 전근도 단박에 수긍한다.

> **놀란 마음은
> 다른 조건이 열악해도
> 수긍하게 한다!**

심리기술 035

우유부단한 사람을 결단하게 하기

책임 회피

우유부단한 사람에게는 결단했다가 실패하면 어떡하나, 하는 겁쟁이 같은 심리가 숨어있다. 그러니 좀처럼 사안을 결정하지 못하고 둔한 인간이라고 무시당하는 일도 많다. 이런 사람에게는 무엇보다 안도감을 주는 게 제일이다.

① "이게 좋겠어!" 하고 먼저 자신 있게 결단해주면서 강력하게 추천한다.
② 결단이 잘못되었다고 해도 '문제없음·걱정할 필요 없음·책임 없음'을 강조해서 말한다.

이 두 가지 사항을 실천해 응원해 주면 순조로워진다. **쓸데없는 상상을 부풀리지 않도록 돕는 게 중요하다.**

여자	난 아이스커피로 할게.
남자	넌 아이스구나……. 어떻게 할까, 나는 뜨거운 걸로 할까, 카페오레로 할까…….
여자	그 카페는 아이스가 제일 맛있어. 내 말 들으면 실패 안 할 거야.

• • •

직원	과장님, 일전의 Y사와의 프로젝트는 예정대로 진행해도 되겠습니까?
상사	아, 그건, 좋긴 한데, 정말 괜찮을지 모르겠네.
직원	네? 어떤 점이 불안하신데요?
상사	중간에 엎어지면 Y사하고는 비용 분담으로 껄끄러워질 것 같거든.
직원	괜찮습니다. 절대로 실패하지 않을 테니까요. 저, 만약 실패한다면 제가 책임지겠습니다. 제가 실무 담당자니까 제 실수고, 과장님께는 절대로 책임이 가지 않도록 하겠습니다. 마음 놓으세요. 틀림없이 성공한다니까요.

고민하면 끝이 없으므로 빠르게 밀어붙이는 게 중요하다.

심리기술 036

상대가 제안을 주저할 때 대의명분을 밀어붙이기

대의명분

영국의 시인이자 평론가였던 사무엘 존슨은 '애국주의는 악당의 마지막 피난처다Patriotism is the last refuge of a scoundrel'라는 말을 했다. 대의명분을 강하게 밀어붙이면 사람이 거역할 수 없음을 우려한 말일 것이다.

상사 다음 주 금요일에 우리 회사와 T사, Q사, D사가 모여서 출하 가격 조정에 관해 협의하기로 했으니, 자네도 출석해 주게.

직원 부장님, 협의라니요? 설마 담합입니까? 그건 독점금지법 위반 아닌가요?

상사 바보 같은 놈! 자네 무슨 풋내나는 말을 하는 거야. 회사를 위해서잖나? 우리 회사가 가격경쟁의 소모전에 휘말려서 망해도 좋다는 건가!

직원	아, 아뇨, 그런 건 아닙니다. 하지만 들통나면 위험하지 않습니까?
상사	괜찮아. 몇십 년 전부터 해오던 일이야. 모두 입이 무거운 멤버만 구성해 놨어.
직원	네? 몇십 년 전부터요? 알겠습니다.

회사를 위해서라고 하면 쉽게 '아니요'라는 말이 나오지 않는다. 오히려 입이 무거운 사축인간*으로 인정받아 악행의 동지가 되었으니, 앞날에 출세를 보장받은 것 같아 어딘가 뿌듯해하는 인간이 있을지도 모른다.

"회사를 위해서니까 못 본 척해주게."
"가족을 위해서니 참아줘."

어떤 식으로든 **대의명분으로 몰아붙이면 사람은 YES라고 대답해 버리고 거역하기 힘들어진다.**

---

* **사축인간** : 사축(社畜)이란 인간에게 이익을 주기 위해 길러지는 동물을 뜻하는 말로, 회사가 이익을 위해 부당한 명령을 내려도 반발하지 않고 가축처럼 무조건 따르는 직원을 가리킨다.

심리기술 037

YES를 얻기 위해 가상의 이미지를 부풀리기

이미지 확대

상대의 마음을 움직여 YES라는 답을 얻고자 할 때 그 마음속으로 들어가 상대를 조종할 수 있다. **상대가 즐거운 이미지를 상상하도록 유도하는 것이 바로 포인트다.** 상대가 원하는 목표에 기대치를 더욱 올리는 것이다.

손님	음, 차 좋네요. 근데 가격이 2,700만 원이면 좀 비싼데…….
점원	옵션이 다양하게 들어간 가격이니까 적정선인 것 같습니다만.
손님	음, 역시 힘들겠는데요. 최소한 2,500만 원으로 딱 떨어지면 좋겠는데.
점원	손님, 그러면 내일까지 기다려주시겠습니까? 오늘은 점장님이 부재중이니 결정해 드리기 어렵지

	만, 내일 아침 일찍 확인하겠습니다. 2,500만 원 정도로요.
손님	응? 정말입니까? 반가운 말이네요. 이 차를 꼭 사고 싶어서 말이에요.
점원	손님의 마음 알겠습니다. 저도 어떻게든 손을 써 보겠습니다.

이런 말을 들은 손님은 꿈에 부푼다. 어쨌거나 마음에 든 그 자동차를 타고 상쾌한 바람을 맞으며 드라이브하는 모습을 떠올릴 것이다.

그리고 다음 날,

점원	고객님, 정말 죄송합니다. 2,700만 원이 최저 금액이라 힘들 것 같네요.
손님	휴우. 그럼 2,700만 원에라도 사야지요.

점원의 책략에 꿀꺽 넘어간 것이다. 손님이 지나치게 꿈을 부풀리면 이렇게 된다.

> **손님의 바람을
> 부풀려서
> 받아들이게 하자!**

심리 기술
038

만일의 선택지로 유도하기
가상의 선택지

거절 의지가 강한 사람에게는 아무래도 공격할 기세도 꺾인다. 말을 건네기 전부터 어찌할 줄 모르겠고 기분도 처진다. 이럴 때는 생각을 전환해서 '가상의 이야기'를 해보자.

거래처   우리는 그렇게 비싼 기계를 도입할 생각은 없습니다. 너무 비싸요.

당사   만약에 말입니다. 구매하신다면 서비스로 소비세는 제해드리지요. 거기에 5년 대출도 묶을 수 있으니까 이득입니다. 아니면 리스 계약으로 해서 갚아나가면 세금을 줄이는 방법도 있습니다. 괜찮으시죠?

거래처   그럼, 전기요금은 어떻게 되죠? 좀 저렴해집니까?

당사   혹시 도입하신다면 지금 전기요금보다 최대 15퍼

	센트나 절약하시게 됩니다. 연간 최대 15퍼센트지요. 어쨌거나 한 번 검토만 해보세요.
거래처	흠, 그런가요? 그렇게 좋은 점만 있단 말입니까?

이렇듯 '만약 ~이라면' 하고 가정형으로 설명하면 상대도 구체적인 이미지를 그리기 쉽다.

이성에게 데이트 신청할 때도 마찬가지다. 가상의 선택지 중에서 고르도록 이미지를 유도한다.

남자	식사는 일식이 좋아요? 아니면 양식이 좋아요?
여자	글쎄, 일식을 좋아하는 것 같아요.
남자	일식 중에서는요? 고기? 아니면 해산물?
여자	회를 좋아해요. 신선한 조개요리도 좋고…….
남자	그거 좋네. 만일 간다면 위치는 어디가 좋아요? 긴자? 하라주쿠? 롯폰기?
여자	글쎄, 하라주쿠가 괜찮지 않을까요?
남자	하라주쿠에 아주 신선하고 맛있는 조개요리점이 있는데 한번 가볼래요?
여자	오, 그렇구나. 언제 가볼까요?

심리기술 039

유리한 위치에서 주도권을 쥐어라

주도권의 역전

누군가와 협상을 할 때는 부탁하는 쪽이 압도적으로 을의 위치에 선다. "그 부분을 어떻게든 해주세요." 하고 고개를 조아려야 하니 당연하다. 협상에서 주도권을 쥐며, 당신이 유리한 위치에 서고 싶을 때는 가능한 한 빨리 **부탁하는 쪽에서 부탁받는 쪽으로 바꾸는 게 중요하다.** 그렇게 하면 상대는 당신의 생각대로 유도당해 YES라고 말하지 않을 수 없게 된다.

포인트는 먼저 상대의 요구를 진지하게 들어주는 것이다.

점원   손님, 노트북을 찾으시나요?
손님   네, 하지만 인터넷으로 사는 것보다 여기 제품이 비싸네요.
점원   뭔가 마음에 찍어두신 제품이 있으셨나요?
손님   네, 이 제품이 좋은 것 같은데, 인터넷보다 비싸요.

점원	혹시 저희 포인트 카드가 있으세요?
손님	네, 갖고 있어요.
점원	그럼, 이렇게 할까요? 포인트를 결산하는 달이니 추가로 3포인트를 더 드릴게요.
손님	겨우 3포인트? 그 정도라면 인터넷이 더 싼데요.
점원	추가 포인트를 어느 정도 희망하세요?
손님	글쎄요, 최소한 10포인트는 받아야 하지 않을까요?
점원	손님, 인터넷에서도 그렇게까지는 싸지 않을 텐데요.
손님	그야 그렇죠, 그럼 7포인트만 추가해 주실래요?
점원	와, 그래도 힘들 것 같은데요.
손님	그럼 5포인트. 이 정도는 괜찮죠? 부탁합니다.
점원	음, 이미 3포인트 드린 후에 추가 포인트라서요.
손님	알았어요, 그럼 3포인트라도 추가로 해주세요. 총 6포인트죠?
점원	네, 그럼 그렇게 해보겠습니다. 손님, 구매해 주셔서 감사합니다.

심리기술
040

YES라는 대답이
당연하다는 인식 주기

밴드웨건 효과

집단주의의 속박에 유독 약한 사람이 있다. **혼자서만 모두와 다른 행동을 하려면 저항을 느끼는 것이다.** 집단에서 내쳐지는 것을 두려워하는 심리는 공동작업이 필수였던 오랜 농경 문화로부터 온 것일지도 모른다. 심리학에서는 '사회적 동조 행동'이라 하는데, 효력도 어마어마하다.

동료 A   사이토, 스즈키, 에토는 이미 찬성했는데 자네는 어때?
동료 B   응? 아, 물론, 나, 나도 그 의견에는 찬성해.

동조에는 겉으로만 드러내는 표면적 동조와 진심이 들어있는 내면적 동조가 있다. 사회적 동조는 밴드웨건 효과 Bandwagon Effect, 편승 효과라고도 하는데, 밴드웨건이란 축제 행렬의 가장 앞에서 소리를 울리는 악대차를 가리키는데, 이 악대차를 수많은 행렬이 따르듯이 우위 세력에 동조하거나 시류에 편승하기, 승자 편에 서는 행위 등을 의미한다. 이처럼 회의 전에 사전교섭을 통해 같은 편을 다수 형성해 두면 합의를 얻어내기 쉽다.

유행하는 제품이나 인기 있는 서비스에는 많은 사람이 모여든다. 또 선거에서 자신의 표를 살리고 싶은 투표권자는 우세한 후보에게 투표한다.

덧붙여, 다수의 지지를 싫어하고 개성적인 것을 선호하는 것을 '스놉 효과Snob Effect', 고가에 고급일수록 수요가 증가하는 현상을 '베블렌 효과Veblen Effect'라고 한다.

밴드웨건 효과의 반대 개념으로, 제삼자가 약자를 동정하여 응원하는 '언더독 효과Underdog Effect'가 있다.

" 사람에 따라 다양하게 " 나타나는 효과!

심리기술 041

홈그라운드에서 승률이 높은 이유는?

설득의 기술 '홈그라운드 효과'

야구나 축구 등 단체경기에서는 시합하는 경기장이 각자의 팀에 홈그라운드Home grounds인지 어웨이Away인지가 생각보다 중요하다. 경기장이 해당 팀의 근거지에 있다면 홈그라운드, 상대 팀 근거지에 있다면 어웨이라는 위치 구분이 주어진다.

홈그라운드에서 시합할 때 유리한 점은 시설이나 환경에 익숙해져 있다는 것과 이동하는 수고가 없다는 것, 응원해 주는 관중 중에 자기 팀의 팬이 많다는 것 등을 들 수 있다. **선수에게는 정신적으로도 육체적으로도 여유를 가질 수 있다는 큰 장점이 있다.**

일반 교섭 장면에서도 홈그라운드와 어웨이는 존재한다. 자기 회사의 응접실이나 회의실을 이용한 교섭이라면 홈그라운드지만 상대 쪽으로 가서 교섭한다면 여러모로 조심하는 부분도 있어서 마음이 편치 않으니, 어웨이라 하지 않을 수 없다. 주도권을 쥐고 교섭을 조금이라도 유리한 쪽으로 이끌고 싶다면 홈그라운드를 활용하는 게 이득일 수 있다.

그런데 홈도 아니고 어웨이도 아닌 곳에서 교섭할 때는 어떻게 하면 좋을까?

중립적인 장소를 나에게 유리한 홈그라운드로 바꾸어버리면 된다. 우선 첫 번째로 해야 할 일은 교섭 장소에 한 시간 이상 전에 도착해 시설을 빈틈없이 점검하고 교섭 장소가 어떤 곳인지 파악하는 것이다. 어느 건물의 몇 층인지, 어디에 위치하는 사무실인지, 회의실인지, 카페인지, 레스토랑인지를 확인한다. 또 공간의 구조와 배경음악 등의 분위기도 확인한다. 출입구에서 비상구, 화장실에 이르기까지 빠짐없이 확인하고 메뉴도 대충 훑어 파악해 두자.

두 번째로 해야 할 일은, 그곳의 직원과 질문을 하면서 대화를 나누어 안면을 터놓는 것이다. 레스토랑의 내력이나 역사, 특별하게 자부심을 가지고 내는 요리가 있다면 들어둔다. 이렇게 해두면 교섭 상대를 맞이할 때는 이미 단골손님처럼 자연스럽게 안내할 수 있다. 상대는 무언의 압박을 느끼고 타인의 집에 들어가는 것 같은 기분이 들 것이다.

심리기술 042

보이는 것의 힘을 기억하라

헤일로 효과

심리학에서 말하는 헤일로 효과Halo Effect, 후광 효과를 아는가?

미인美人은 이성에게서 많은 관심을 받고 인기도 많다. 수려한 외모가 보는 사람의 관능을 자극해 쾌감을 안겨주기 때문이다. 즉, 미인은 내면까지 외모와 같은 수준의 평가를 받는다. 이것이 헤일로 효과가 가져오는 긍정적인 면이다.

멋있고 활동적으로 보이는 사람은 청량하고 쾌활한 성격인 것처럼 인식된다. 아름답고 사랑스러운 외모의 사람은 아름답고 맑은 마음을 가진 것처럼 보인다. 사실은 비뚤어진 고약한 성격이라도 그렇게 보이지 않는다.

이렇듯 미인은 사회생활을 할 때 어쨌든 이득이다. 물론 헤일로 효과가 작용하는 부분이 외모뿐만은 아니다. 학력, 경력, 자산, 지위, 권력, 기술, 능력, 자격, 지명도 등이 유독 뛰어난 사람도 다른 부분까지 우수한 것처럼 보인다. 영어를 잘하는 사람은 국제 감각이 뛰어날 것 같고, 명문대학 출신은 두뇌가 명석할 것 같으며, 대기업에 근무하는 사람은 성실할 것 같고, TV에 자주 보는 유명 인사는 괜히 신뢰가 간다.

물론 부정적으로 작용하는 사례도 있다(부정적 헤일로 효과). 살찐 사람은 자기관리가 안된 듯하고, 늘 자신만만한 얼굴을 한 사람은 교양이 없어 보이는 것처럼 말이다.

어쨌든 **편견이나 선입견이 작용해서 본질을 가려버리는 게 헤일로 효과다.** 인물뿐 아니라 자동차나 집 등의 물건을 볼 때도 마찬가지다.

영업사원 어떠세요? 이 물건은 신축이나 마찬가지입니다. 실제로는 지은 지 30년이나 된 구축이었는데 회사에서 혁신 기술인 내진 보강을 거쳐 완성한 야심작입니다.

손님 와, 정말 멋져요! 집이 이렇게 깔끔한데 신축보다 30퍼센트나 싸다니 믿지 못하겠어요. 여기로 할게요.

재건축이 불가한 협소 지역에 세워진 낡은 집이라도 인테리어만 새로 바꾸어 쉽게 팔 수 있는 이유이다.

심리기술

043

YES라고 할 수밖에 없는 상황 만들기

로우볼 테크닉

"간단한 일이니까 부탁할게."라고 의뢰받거나 "아주 저렴한 가격으로 봉사 중!" 등의 말로 말을 걸어오면 무심코 호의적으로 반응하기 쉽다. **받아들이기 쉬운 조건이기 때문이다.**

상사   30분만 시간 될까? 간단한 건데…….
직원   네, 괜찮습니다. 뭘 도와드리면 될까요?
상사   이 자료 말이야, 여기 데이터 부분만 원그래프로 바꾸어주겠나?
직원   네? 아……. 네, 여기 말씀이죠? (이게 어떻게 30분 만에 끝나냐고!)

길거리에서 '메뉴 전 품목 20퍼센트 할인'이라는 전단지를 건네받고 설레는 맘으로 동료와 함께 식당에 갔더니 메뉴 가격이 예상외로 비쌌다는 사례도 있다. 생각하지 못한 사태이지만 그냥 나갈 수는 없으므로 식사할 수밖에 없다.

이건 '로우볼 테크닉Low ball Technic'이라 불리는 심리 제어법이다. 로우볼이란 받기 쉬운 볼, 낮은 볼을 가리키는 유인구다. 일단 로우볼을 받아버린 사람은 다음에 예상보다 다소 높은 볼이 날아와도 어쩔 수 없이 받아야 하므로, 그 점을 노린 전략이다.

관공서의 시스템 구축 입찰 과정에서는 거대 IT 기업의 '1엔 입찰*'에 관한 보도가 종종 흘러나오는데, 이 역시 로우볼로 후려치는 작전이다. 낙찰된 기업은 그해에는 수익을 기대할 수 없지만, 이듬해부터는 수의계약이 적용되어 어마어마한 이익을 남긴다. 관공서 회계 연도의 단년도 예산주의를 역이용하는 것이다.

---

* **1엔 입찰** : 경쟁 입찰에서 응찰자가 다음 연도 이후의 수의계약을 암묵적으로 보장받고 초년도에는 손해를 감수하고 초저가로 입찰해서 낙찰받는 것.

" 로우볼로 권유 받으면 "
발을 빼기 어렵다!

심리 기술
044

부탁의 강도를
단계적으로 상승시키기

풋 인 더 도어 테크닉

이전 항목에서 소개한 '로우볼 테크닉'은 일관성의 원리라 불리는 심리작용을 응용했다. **YES라는 대답 안에는 처음과 끝에 똑같은 행동을 취하지 않으면 자기 신뢰에도 영향을 미친다는 심층 심리가 깔려있기 때문이다.**

이번 항목에서 소개하는 방법 역시 일관성의 원리를 이용한 것이다.

처음에 받아들이기 쉬운 조건을 제시해서 승낙을 얻기까지는 로우볼 테크닉과 같은 과정이지만 그런 다음 조금씩 까다로운 조건을 제시하면서 단계적으로 승낙을 얻는다. 그런 식으로 마지막에 진짜 원하는 지점까지 유도한 후에 받아들이게 하는 것이다.

일단 문에 한쪽 발을 들여놓으면 모두 순조로워지는 것이나 마찬가지라는 뜻에서 풋 인 더 도어 테크닉 Foot in the door technique, 단계적 의뢰법, 문틈에 발 들여놓기 기법이라 불린다.

점원 어떠세요? 소매만 걸쳐보세요. 자, 자.
손님 아, 생각보다 감촉이 좋네요. 디자인도 깔끔하고.
점원 이쪽 스커트하고 맞추어 보실래요? 자, 탈의실에 들어가 입어보세요.
손님 사이즈도 딱 맞네. 위아래를 맞추니까 훨씬 좋아 보이기는 하네요.
점원 멋진데요! 어울려요. 자, 뒤태도 한번 보세요.
손님 음, 좋네요. 이것으로 할게요. 얼마예요?

・・・

상사 야마자키 군, 퇴근인가? 급한 일 없으면 잠깐 도와줄 수 있겠나?
직원 아, 말씀하세요. 괜찮습니다.
상사 고맙네. 이 서류를 접어서 봉투에 넣어주겠나? 200부밖에 없어.
직원 아, 쉽지요. 이 서류 말씀이죠? 세 번 접으면 되나요?
상사 그렇게 해줘. 그리고 말이야, 미안한데 붙이는 것

	까지 부탁해도 될까?
직원	네? 아, 그런데 이 봉투는 접착제가 없네요.
상사	미안하네. 아, 이왕이면 수신자 스티커도 붙여주면 일손을 덜 텐데.
직원	아, 알겠습니다 (뭐야, 작업을 다 하란 거잖아!).

심리 기술 045

한 단계 낮춰 요구하기

도어 인 더 페이스 테크닉

상대에게 갑자기 무리한 요구를 들이대면 거절당하는 일이 많다.

그러나 거절당했을 때의 실망을 무릅쓰고 안 될 줄 알면서도 사소한 것을 부탁해 보면 의외로 쉽게 받아주는 경우가 있다.

아이	아빠, 슈퍼로봇 대전 Z 게임 소프트 사줘!
아빠	게임은 안돼! 새것 사준 지 얼마 안 됐잖아.
아이	그럼《원피스》신간 사줘.
아빠	응? 만화책? 아, 그 정도면 사주지.

큰 요구는 거절당했으나 요구수준을 낮추었더니 이번에는 성공했다. 이는 반보성의 원리 현상이다. 아이가 양보했으니

아빠도 양보해야 한다는 무의식적인 심리가 작용한 것이다.

사람은 요구를 거절하면 은근히 죄책감을 느낀다. 그래서 **가능하면 요구를 들어주고 싶어 하는 심리를 이용한 것이다.**

이 원리를 이용해서 상대에게 YES라고 말하게 하는 도어 인 더 페이스 테크닉Door in the face technique, 양보적 의뢰법, 면전에서 문 닫기 기법이 있다. 열린 문으로 얼굴을 들이민다는 뜻이다. 처음에 과도한 요구를 꺼내어 거절당하면 실망하는 모습을 보이지만, 이어서 진짜 요구를 꺼내서 요구를 받아들이게 하는 것이다.

영업 직원   우리 회사의 이번 신제품은 이쪽 선반 위부터 아래까지 전부 쓰고 싶습니다.

매장 담당자   그렇게는 안 됩니다. 다른 회사 제품도 있어서요.

영업 직원   아, 아쉽다. 안되나요? 그럼, 위에서부터 두 번째 단까지는 쓰게 해주세요.

매장 담당자   두 번째 단이라면, 눈에 띄는 곳이네요. 뭐, 거기 한 줄이면 괜찮습니다.

요구를 거절당했다면 실망했음을 어필하는 게 중요하다. 상대에게 미안함을 느끼게 하자.

3장

호감을 만드는 한 끗 차이의 비밀

나의 가치를 높일수록 수월해지는 소통의 기술

심리기술 046

전략적으로 친밀 단계 밟기

친화 과정

심리학에는 사람과 사람이 친해지기 위한 '인간관계의 친화 과정'이 있다.

제1단계 : 시작 단계(만남)

사람이 좋은가, 싫은가의 70~80퍼센트는 이 단계에서 결정되므로 매우 중요하다. 여기에서 형성되는 이미지를 초두 효과라 하며 여기에는 다음 세 개의 요소가 있다.

① 외모적 요소 … 외모나 옷차림, 표정 등
② 성격적 요소 … 친절함이나 협조성, 언동이나 태도 등
③ 사회적 요소 … 직함, 지위, 평판 등

제2단계 : 실험 단계(친화)

일상적으로 접할 기회가 많을수록 친근감을 품는 단순 접촉 효과가 작용한다.

제3단계 : 심화 단계(정착화)

출신지나 취미, 좋아하는 음식, 관심 대상 등이 일치하거나 비슷함을 알면 갑자기 마음을 연다. 이를 공통항·유사성의 원리라고 한다.

제4단계 : 통합 단계(안정화)

자신이 어려워하는 일을 상대가 잘한다는 것을 알면 서로 보완할 수 있는 관계로 발전한다. 이를 상보성의 원리 Complementarity Principle라 한다.

제5단계 : 결합 단계(상호이해)

"사실, 나……." 하고 서로 자기 개시함으로써 상호 비밀을 공유하고 있는 듯한 친밀한 관계가 구축된다.

심리 기술
047

호감 있는 첫인상으로 소통을 시작하라

프렌들리 테크닉

이전 항목에서 해설한 대로 친화 과정 중에서도 **최초의 만남에서 형성되는 첫인상은 상당히 중요하다.** 초두 효과가 작용한 그때의 이미지가 줄곧 꼬리표처럼 따라다니기 때문이다.

이 단계에서는 외모적 요소, 성격적 요소, 사회적 요소가 큰 의미를 지닌다. 헤일로 효과에서 설명한 대로 이들 요소 중 무언가 하나라도 두드러진 특성이 있으면 그 특성에 이미지가 끌려가 확대 효과가 나타나기 때문이다. 미인이 뛰어난 외모적 요소에 의해 성격이나 능력 같은 내면까지 뛰어난 인물인 양 오해받을 뿐 아니라 명문대학을 졸업한 사람은 머리가 좋다거나 유명인은 신뢰할 수 있다는 등의 사회적 요소에서도 같은 효과가 나타난다.

한편, 외모적 요소나 사회적 요소가 떨어지는 사람은 어떻게 해야 할까?

그런 사람은 철저하게 외면 연기에 집중해 성격적 요소를 부각한다. 우정이 깊고 의리가 있으며, 성실하고 모나지 않으며, 친절한 사람인 척하는 것이다. 그것만으로 상대는 '매우 인상 좋은 믿을만한 사람'이라고 믿는다.

또 이런 역할연기(롤 플레잉)는 실행하는 도중에 점점 학습된다. 이는 종교 세계나 야쿠자 세계, 세미나 상법이나 다단계 상법(네트워크 상법)으로 권유할 때 고액의 장신구 등을 사게 할 때에 쓰이는 프렌들리 테크닉*이라 불리는 수법으로 발전한다. 이런 수법에 넘어가면 훌륭한 인간관계라고 믿었던 상대는 좀처럼 도중에 발을 뺄 수 없게 된다.

---

* **프렌들리 테크닉** : 의도적으로 친밀관계를 쌓으면서 상대에게 호감을 주는 기법.

> **프렌들리 테크닉에 걸려**
> 호감을 느끼면
> 저항하지 못한다!

심리 기술 048

좋은 사람이라는 이미지를 만드는 요령

자기 제시 · 인상 조작

상대의 마음을 저격하기 위해서는 자신을 상대가 받아들일 만한 '좋은 사람'으로 만들어두는 게 필요하다.

첫 만남 때는 **외모적, 성격적, 사회적 요소의 이미지 구축이 중요**한데, 이 세 요소를 더욱 강화하는 방법을 소개해 두겠다.

첫째, 외모적 요소로서 남과 다른 가치관을 슬쩍 보여주어 주목을 얻는 방법이다. 예를 들어 미남이나 미인이 아닌 사람은 복장이나 헤어 스타일을 통해 자신의 마이너스적인 이미지를 보완해서 보다 나은 이미지를 형성할 수 있다.

그러나 첫 대면에서는 상대의 신발을 보라는 말도 있듯, 아무리 고급 정장으로 몸을 감싸고 고급 손목시계를 차고 있어도 신발 뒤꿈치가 닳고 더러우면 바로 점수가 깎인다. 단순히 꾸미기만 좋아하는 사람으로 보이기 때문이다.

차림새에 신경을 쓰는 사람은 가장 눈에 띄지 않는 부분까지 정갈하게 가꾼다. 상대가 보는 눈이 있는 사람임을 전제로 신발까지 말끔하게 해서 몸가짐을 정돈하지 않으면 가벼이 여겨진다. 본래의 나보다 나은 모습을 보이려면 구석구석까지 소홀히 해서는 안 된다.

둘째로 성격적 요소의 경우, 언어 사용, 표정, 태도, 행동 등에 따라 이미지가 형성되므로 자신의 나쁜 입 버릇을 수정해 두는 게 중요하다. 예를 들어, '바보 같은' '머저리' '무신경' 등의 부정적인 표현은 지양해야 하며 '재치 있는' '대단한' '집착하지 않는 면' 같은 긍정적 발언을 할 수 있도록 한다.

부정적인 말을 빈번하게 사용하는 사람은 인격이 낮아 보인다. 또 미간에 주름이 있거나 입을 삐죽거리는 버릇이 있는 사람도 늘 웃는 표정을 지을 수 있도록 거울을 보고 훈련해 두어야 한다. 물론 급한 성격이 드러나는 동작 등도 금물이다.

세 번째 사회적 요소의 경우, 훌륭한 지위나 직함이 없어도 자연스럽게 어필하는 방법이 있다. "학창시절에는 피아노와 바이올린을 배웠습니다."로 좋은 집안이라는 이미지를, "부모님은 교육자셨습니다."로 성실한 가족의 이미지를, "집에는 도우미 여사님이 있었습니다."로 유복한 이미지를 심어줄 수 있으니 자기소개 방법도 생각해 두자.

심리기술 049

자주 노출하는 데는 이유가 있다
단순 접촉 효과

인간의 오감은 대상물과 단순 접촉을 반복할수록 점점 위화감이 사라지고 호의적으로 수용하게 된다는 심리학 실험 결과가 있다. TV나 라디오, 신문, 잡지에서 빈번하게 만나는 광고음악은 익숙해질수록 친근함을 갖는다. **같은 정보에 여러 번 노출되면 경계심이 풀어지고 결국 위험에도 둔감해지는 것이다**(자이언스 제2법칙). 그러면 마트에 갔을 때는 수많은 유사 상품 속에서 자주 눈에 띈 광고 상품을 고르게 된다. 안도감이 싹텄기 때문이다.

또 상사가 직원에게 "영업은 발로 돈 버는 게 기본이야!"라고 말하는 것은 기대 고객에게는 몇 번이고 드나들면서 계약을 맺으라는 뜻이다. 몇 번이나 방문 받은 상대 처지에서는 미안해하는 반보성의 원리가 작용하길 기대하는 것이다. 약소기업의 영업사원이 경쟁 대기업을 제치기 위해서는 접촉의

질(내용)보다 양(횟수)을 늘리는 게 가장 중요하다.

　상사의 마음에 들고 싶다면 상사에게 빈번하게 보고, 연락, 상담을 하러 가면 된다. 상사에게 자주 갈수록 인사고과의 평점도 올라간다.

　좋아하는 이성과 데이트하고 싶다면 짧은 시간이라도 좋으니 자주 만나러 가는 게 효과적이다. 직장에 좋아하는 이성이 있다면 수시로 건수를 만들어서 이성의 옆에 가능한 한 접근하는 것을 추천한다. 특별히 관련된 이야기를 나눌 필요도 없다. 눈과 눈이 마주치면 가볍게 눈인사만 해도 충분히 효과가 있다. "자주 뵙네요." 하고 인사말까지 건넬 수 있으면 성공이다. 이런 식으로 빈도를 높여가면 자연스럽게 대화를 나누는 단계까지 도달할 수 있다. 단지 첫 만남에서 극단적으로 미움을 산 경우만 제외하고 말이다.

심리기술 050

상대와 가치관을 공유하며 친밀함을 형성하자

공통 분모·유사성의 원리

친화 과정의 제3단계인 심화 과정에서 살펴본 바와 같이, 사람은 출신지나 취미, 좋아하는 음식, 관심 대상이 같거나 비슷하면 반가워서 단숨에 속내를 털어놓는다. 비슷한 사람끼리는 같은 편이라고 인식하기 때문이다. 이것은 공통 분모·유사성의 원리라 불리는 현상인데, **상대에게 나와 닮은 부분을 발견하면 나와 가치관이 같은 것처럼 느끼고 단숨에 안심하고 친밀함을 느낀다.**

좋아하는 TV 프로그램이 같다, 비슷한 취향의 음악을 좋아한다, 학창 시절에 하던 운동이 같다, 좋아하는 개그맨이 같다, 부모의 직업이 동종업계다, 형제의 수가 같다, 생일이 같다…… 등 공통된 사항이나 유사점은 어떤 주제이건 많으면 많을수록 반가운 마음이 들게 한다.

당연한 말이지만, 관심 있는 상대의 마음을 얻어내고 싶다면 상대와의 공통점을 많이 가지는 게 핵심이다. 상대에게 질문을 많이 해서 성향을 파악하자.

남자   쉬는 날에는 뭐해요?
여자   매장을 돌면서 옷을 사거나 카페에 가요.
남자   옷을 사는구나. 나랑 취미가 같네요. 나도 커피 좋아하는데, 카페에 같이 갈까요?

이렇듯 비슷한 점을 적극적으로 확인한다. '나도 마찬가지' '똑같네' 등의 반응을 유도하는 요령이다. 절대로 "옷이랑 커피라니. 나하고는 별로 안 맞네." 따위로 진심을 표출해 버리면 안 된다. 대화도 끊기고 맥이 빠지기 때문이다.

> **공통 분모·유사성이 많을수록 친밀함을 느낀다!**

심리기술 051

서로 보완하는 관계로 발전시켜라

상보성의 원리

이전 항목에서 살펴본 대로 서로의 공통 분모나 유사성을 많이 발견할수록 합이 맞는 관계가 성립한다. 서로가 유유상종 관계가 되면 동료의식이 싹트는 것이다.

그러나 점점 만남이 깊어지면 상대와 자신과의 차이점도 뚜렷해진다. 가령 A와 B라는 두 사람의 관계에서 A는 인내심이 강하고 온화한 성격인데 B는 성질이 급하고 화를 잘 내는 성격이라거나, 아니면 C와 D라는 인물의 관계에서 C는 자립적인 성격이지만 D는 종속적인 성격일 수도 있다.

이런 차이가 분명해지면 서로 상대에게 부족한 부분을 채워주는 형태가 된다. 이를 친화 과정에서는 상보성의 원리라 부르는데, 안정적인 관계인 통합단계(제4단계)에 있다.

초기 단계에서 서로의 차이점이 너무 뚜렷하면 '이 사람과는 안 맞는구나'라는 생각에 관계가 원만하게 흘러가지 않겠지만, 서로의 이해가 깊어진 후에는 상대의 강점과 자신의 약점, 상대의 약점과 자신의 강점이 상호보완의 관계로 발전한다.

그 결과 자신의 콤플렉스가 경감되기도 하고 상대의 약점을 커버해 주는 자신에 만족하며 매우 양호한 관계로 승화된다.

외모에 콤플렉스를 가진 사람이 뛰어난 미인을 배우자로 고르는 경우 콤플렉스가 있는 사람 쪽에 압도적으로 경제력이 있고 미인이 그 경제력에 의지하는 경우도 많다. 성별을 떠나서 말이다. 그는 미인을 배우자로 둠으로써 자신의 열악한 외모에 콤플렉스가 경감된다.

이런 상보성의 원리를 상대와의 관계에서 만들려면 가르치는 쪽과 배우는 쪽의 역할 관계를 일찍부터 의식적으로 구축하는 게 중요하다. 컴퓨터에 소질이 없는 상대에게는 그것을 친절하게 보완하는 행동을 취하거나 패션에 자신이 없는 상대라면 코디네이터를 자처해 주는 식이다. **자신의 강점과 상대의 약점을 지혜롭게 맞추면 탄탄한 관계를 구축할 수 있다.**

| 심리기술 **052** | 있는 그대로의 나를 드러내기
자기 개시 |
|---|---|

심리학의 친화 과정에서 가장 친밀도가 높은 수준에 위치하는 것이 자기 개시다. 자기 개시Self-Disclosure란, 있는 그대로의 자기 정보(감정이나 경험 등)를 솔직하게 상대에게 털어놓는 것을 말한다. 마음을 드러내 보이는 것이므로 친해지지 않으면 깊은 내용까지 도달하지 못한다. 또 자기 개시를 받은 쪽에서는 상대가 자신을 신뢰하기에 이야기해 주었다고 이해하므로 반보성의 원리가 작용해 마찬가지로 자신을 드러내게 된다. 그러므로 자기 개시를 전혀 하지 않는 사람은 타인과 소통도 부자연스럽다. **상대와 친밀해지는 과정에서 자기 개시는 빼놓을 수 없다.**

처음에는 취미 같은 간단한 주제로부터 시작해서 점점 깊은 이야기로 넘어간다. 사실 알게 된 후 얼마 지나지 않은 상대에게 심각한 고민을 털어놓으면 상대도 당황한다. 서로의 자기 개시 정보는 단계를 밟으면서 공유하자.

  자기 개시를 하기 위해 주의할 점은 자랑하거나 자기를 너무 적나라하게 나타내지 않도록 하는 것이다. 사소한 실패담 등부터 접근하는 게 상대의 공감을 일으키기 쉬운데, "사실, 나도 비슷한 경험이 있어요." 하고 상대로부터의 자기 개시도 기대할 수 있다.

  단지 자기 개시인 양 위장해서 자신에게 유리하도록 특정의 인상을 상대에게 심어주려는 사람도 있으니 속지 않도록 주의해야 한다. 이 경우에는 심리학에서 자기 개시라고 하지 않고 자기 제시 또는 인상 조작이라고 구별해서 부른다.

> **자기 개시는
> 실패담부터 접근하면
> 대화가 무르익는다.**

심리기술 053

부탁하며 우월감 자극하기

단순 접촉 효과·반보성의 원리

부탁은 잘 아는 사람에게 해야 승낙받을 확률이 높아진다. 모르는 사람이라면 냉담하게 대응할지도 모르므로 거절당할 확률도 커진다(자이언스 제1법칙).

이것이 일반적인 상식이지만, 부탁받은 사람의 심리를 분석하면 재미난 점을 알게 된다. 아는 사람의 부탁을 승낙해 주는 이유는 미움받고 싶지 않다는 심리 때문이다. 상대에게 호의를 갖고 있으면 더욱 부탁에 응해준다(치알디니의 법칙*). **누군가로부터의 부탁은 귀찮기는 하지만 상대에게서 신뢰받는다는 증거이기도 하므로** 받아들임으로써 만족감도 얻을 수

---

* **치알디니의 설득의 법칙** : 로버트 치알디니(Robert Cialdini)는 설득 및 영향력에 관한 일인자로 꼽히며, 베스트셀러 《설득의 심리학》의 저자다. 그는 사회적 관계 속에서 설득은 필수라고 주장하며 설득 방법을 6가지로 분류했다.

3장 호감을 만드는 한 끗 차이의 비밀 ··· **149**

있다. 우월감이 자극받는 것이다.

즉 부탁을 받아주는 심리는 상대에게 호의를 돌려주는 일이며 이때 역시 반보성의 원리가 작용한다.

마음에 드는 사람에게 접근할 때는 이 심리작용을 응용해야 한다. 사소한 부탁이라면 딱 잘라 거절당할 일도 없다. 동경하는 짝사랑 상대에게 접근해서 관계가 좋아질 수 있는 최고의 방법론이다. 단순 접촉 효과의 업그레이드된 버전으로 활용하자.

남자 사원	저, 실례합니다. 스즈키 씨, 삼각자 있으세요?
여자 사원	아, 이거면 되나요?
남자 사원	아, 그거, 그거요. 감사합니다. 저, 잠시 빌려도 될까요?
여자 사원	네, 여기요.

여자는 아주 약간의 도움을 주었지만, 기분이 좋을 것이다. 이렇게 접근이 성공한다면 다음 기회를 틈타 연필깎이를 빌리거나 사전을 빌리면 된다. 그러는 사이에 특정 남자 사원에게 친절하게 대하는 것은 자신이 호감을 느끼기 때문이라는 착각이 무의식중에 동기부여가 된다.

심리 기술 054

공포의 두근거림을 설렘으로

흔들다리 효과

좋아하는 사람이 생기면 그 사람에 관한 생각으로 머릿속이 가득 차고 심지어는 상대를 아름다운 존재로 미화한다(사랑의 결정화작용*). 또 그 사람을 생각하기만 해도 가슴이 마구 뛰어서 심박수가 올라간다. 이 두근거림은 무언가의 불안이나 공포 체험을 맛보았을 때도 느낀다.

신기하게도 이런 두근거림의 체험을 이성끼리 공유하면 **불안이나 공포로 인한 두근거림과 연애 감정에서 오는 두근거림을 혼동해 버린다.** 이것이 유명한 심리학 이론인 흔들다리 효과다.

---

* **사랑의 결정화작용**: 스탕달의 사랑에 관한 비유. 겨울에 나뭇가지 하나를 소금 광산에 던지면 한 달 후 그 나뭇가지는 빛나는 결정체가 되듯이, 사랑은 사랑하는 사람을 최고로 아름다움을 지닌 사람으로 바꾸어놓는다는 뜻이다.

이성과 둘이 흔들거리는 다리를 건너다보면 불안이나 공포로 가슴이 마구 뛴다. 그 두근거림을 함께 있는 이성에게 느끼는 연애 감정 때문이라고 착각할 수 있다. 짝사랑 상대에게 자신을 이성으로서 각인시키고 이목을 끌기에 더할 나위 없는 방법이다.

불안이나 공포를 마음에 드는 이성과 함께 체험하는 자리는 흔들다리 이외에도 많다. 롤러코스터나 유령의 집, 호러영화로도 체험할 수 있다. 스릴 넘치는 스포츠 어트랙션이나 기암절벽의 환경, 암흑뿐인 폐쇄 공간 등 분야는 많다. 너무도 무서워서 손을 마주잡거나 끌어안을 수 있으면 최고다. 이런 곳에 흠모하는 이성과 함께 가는 것이다. 체험 전에는 그다지 의식하지 않았던 이성끼리도 가슴 뛰는 체험을 공유한 후에는 서로 매력적으로 보이기도 하니 묘하다. 여성이라면 남성을 믿음직스럽다고 여길 것이고 남성이라면 여성을 보호해 주어야 할 대상으로 의식하기 시작할 것이다.

물론 가슴 뛰는 체험을 거쳤다고 해서 꼭 이렇게 되는 것은 아니므로 가슴 뛰는 체험을 적절히 지속하는 노력도 필요하다. 동시에 이 효과가 식기 전에 서둘러 사랑을 고백하는 등 다음 행동을 취하는 게 좋다. 어차피 착각 체험은 오래 가지 않기 때문이다.

심리기술 055

논리보다 감정에 호소하기

감정·필링 효과

무언가를 판단할 때 남성은 논리적이고 여성은 감정적이라고 하는 편견이 있지만 그건 둘 다 옳지 않다. 성별로 사람의 성격을 나누는 데도 무리가 있지만 **모든 일의 판단에는 논리적인 설명과 감정적인 설명 둘 다 필요**하기 때문이다.

논리적인 설득을 위해서는 'A는 B보다 비용이 많이 든다. 그러나 A는 B보다 가격이 싸다. 그런데 C에 관해 조사했더니 A만큼 비용이 들지 않고 B처럼 가격도 비싸지 않았다. 따라서 C를 선택하는 게 합리적이라고 생각한다'라고 설명하기 쉽다. 고리타분하고 귀찮은 논리처럼 들리기도 한다.

감정적으로 설득한다면 다음과 같을 것이다.

"C가 좋습니다. A나 B보다 잘 팔리고 인기가 있는 게 제일이죠."

느낌을 중시하기에 상대 마음에 훨씬 빠르게 닿는다. 감정을 호소하는 것이므로 희로애락을 직접적으로 자극하는 것이다.

인간관계에서 즉각 상대의 생각 속으로 뛰어들고 싶을 때는 감정적인 설득이 받아들이기 쉽다. 장황하게 설명해도 상대의 가슴을 울리지 않으면 의미가 없다. 마음에 품고 있는 사람에게 자기를 어필할 때는 논리적으로 "내 출신 대학은 이과계인데 이과계 출신자가 급여도 높고 출세한다는 데이터가 있습니다." 따위의 말보다는 "우리 함께 꿈을 따라가지 않을래?" 하고 감정에 호소하는 게 설득 효과를 얻는다. 어필하려면 우선 상대의 감정을 타깃으로 삼자.

"논리보다 감정을 어필한다!"

심리 기술 056

호기심을 자극해 주의를 끌어라

칼리굴라 효과

인간은 호기심의 산물이다. 그래서 "보면 안 돼."라는 말을 들으면 더욱 보고 싶어지고 "하지 않는 게 좋아."라는 말을 들으면 더욱 반발해서 해보고 싶어진다.

 타인에게서 **무언가를 금지당하면 괜히 하고 싶어지는 심리**를 칼리굴라 효과Caligula Effect라고 한다. 이름의 유래는 로마 황제 칼리굴라를 그린 영화의 내용이 너무도 잔혹하여 미국 매사추세츠주 보스턴에서 상영을 금지한 데서 유래한다. 그 영화는 상영이 금지되었기 때문에 더욱 관심을 모았고 보스턴 시민들은 영화를 관람하기 위해 옆 동네까지 갔다고 한다.

 말을 건네받는 사람에게도 같은 심리가 작용할 것이다.

남자 동료 나카야마 씨, 비밀인데요. 당신을 위해서 알려줄게 있어요.

여자 동료 네? 저를 위해서요? 대체 뭔데요?
남자 동료 영업부에 있는 시바타 씨 알아요? 그 사람이 당신을 좋아해요. 근데 그 남자는 성실해 보이는데 꽤 방탕한 사람이에요. 그러니까 그 사람한테 고백받아도 사귀면 안 된다고요. 당신만 불쌍해지니까.

이런 말을 들으면 지금까지 전혀 관심이 없던 시바타라는 영업부 사원에게 맹렬하게 호기심이 생길 것이다. 성실해 보이지만 상당한 방탕아라니 도대체 어떤 사람인지 흥미가 돈다. 또 고백받는다 해도 사귈지 어떨지는 스스로 정할 문제인데 동료에게서 들은 금지 대사가 귀에 거슬린다. '왜 사귀면 안 되는 거야?' 하고 말이다. 어쨌거나 누군가에게 좋아한다는 말을 들으면 기분이 나쁘지는 않다. 이런 상황에서 시바타라는 사원이 실제로 말을 걸어온다면 어떻게 될까? 쉽게 데이트에 응하지 않을까?

마음에 품은 사람에게 고백하고 싶다면 사전에 동료에게 부탁해서 이런 식으로 상황극을 만들어두어도 좋다.

심리기술 057

비호감 상태에서 호감을 얻는 법

수면자 효과

"당신처럼 까불까불한 사람은 너무 싫다고!"
"옆에 오지 마세요. 싫다니까요!"

짝사랑하는 이성이 이런 대사를 퍼부으면 고백한 사람으로서는 맥이 풀린다. 그리고 대부분은 '제길!' 하고 마음속으로 욕설을 내뱉고 포기한다. 이건 재기 불능, 절체절명의 사태임을 깨닫기 때문이다.

그러나 심리학에서 쓰이는 수면자 효과_{Sleeper Effect, 시간이 지날수록 설득력이 높아지는 현상}를 이용하면 의외로 잘 풀릴지도 모른다. **잠깐의 휴면기간을 몇 번 가지면서 반복적으로 도전하는 방법**이다.

남자　　오랜만이야. 언제나 예쁘네. 오늘 옷도 귀엽다!

| 여자 | …… 아, 너도 와 있었어? |

• • •

| 남자 | 오랜만! 늘 정말 멋진데. 귀엽고 예쁘고. 동경하고 있어. |
| 여자 | 오랜만. 여전히 말을 잘하네. 칭찬해줘 봤자야. |

• • •

| 남자 | 옷, 또 만나네. 내가 멋진 여성과 인연이 깊구나. 연락처 좀 알려줄래? |
| 여자 | 어머, 또 너야? 참나. 연락처? 농담 그만해. |

• • •

| 남자 | 안녕. 오늘도 예쁘고 정말 귀엽군. 제발, 연락처만이라도 안될까? |
| 여자 | 어머, 안녕. 그럼, 연락처만 줄게. |

이런 식이다. 보통은 설득하는 사람의 신뢰도가 클 때 설득

효과가 높아진다. 가난한 사람이 부자가 될 방법을 설명해도 믿음이 가지 않는 것처럼 말이다. 그러나 시간이 흐를수록 신뢰도가 낮은 사람이라는 기억은 희미해지고, 상대가 반복하는 내용에 대한 믿음만 증가한 것이다.

심리 기술
058

상대의 정보를 미리 파악해 두기

숙지성의 법칙

"처음 뵙겠습니다. 성함은 들었어요. 꼭 만나 뵙고 싶었습니다."

첫 인사를 나누는 상황에서는 대부분 인사치레로 하는 말이다. 정말로 만나고 싶었다면 어떻게든 손을 써서 만날 기회를 만들었을 것이다. 게다가 이름을 교환한 후에야 이름은 알고 있었다면서 뻔뻔하게 말하는 건 속에 없는 말 같아서 실없는 웃음까지 난다.

상대와 처음 만나는 장면은 초두 효과가 작용하므로 매우 중요하다. **겨우 몇 초 안에 좋고 싫음의 인상이 정해지기 때문이다.**

상대의 마음을 정확히 조준해 좋은 인상을 남기려면 여기에 또 한 가지 노력이 필요하다.

당사자	처음 뵙겠습니다. 노무라입니다. 스기야마 씨의 이름만은 알고 있었는데, 꼭 만나고 싶었습니다. 만나 뵙게 되어 반갑습니다.
상대방	아이고, 저의 악명이 여기까지 퍼졌나요? 하하, 잘 부탁드립니다.
당사자	스기야마 씨는 영국에 거주한 경험도 있으시고 프로 정원사라고 하던데요.
상대방	오, 어떻게 아셨죠? 아, 그냥 좋아서 하는 일이에요.

자신이 정말로 알려져 있다고 느끼면 기쁘다. 승인 욕구가 충족되고 숙지성熟知性의 법칙이 작용하여 첫 대면이라는 생각이 들지 않는 것이다. 미리 상대의 정보를 가능한 한 입력해 두자.

" 사전에 상대의 "
정보를 입수해 두자!

3장 호감을 만드는 한 끗 차이의 비밀

심리 기술 059

상담에 응해주어 의존도를 높여라

아이 메시지를 통한 공감

교제하지 않는 이성이라도 서로 연애에 관한 고민을 들어주다 보면 서로 사랑에 빠지기 쉽다. 관심 있는 이성이 다른 누군가와 교제 중이라면 어떤 데이트를 하고 있는지 그의 어떤 점이 좋은지 기꺼이 들어주어야 한다. '제길, 이 여자의 남자 친구는 잘도 이 여자랑 사귀는군' 따위의 생각으로 질투의 화신이 되어서는 안 된다. 어디까지나 남자 친구를 칭찬해 주자.

'정말 좋은 사람이네' '완벽한 애인이다' '부럽군' '멋진데!' 등의 말로 응대해 주면 여성은 당신에게 그 남자에 관해 이야기하는 게 즐거워진다. **즐겁게 이야기하다 보면 열에 아홉은 관계가 나아진다. 당신을 신뢰한다는 증거이기 때문이다.**

완벽한 여자도 완벽한 남자도 이 세상에는 존재하지 않는다. 결국 여성은 애인과의 일을 상담하기 위해 반드시 당신을 찾을 것이다. 애인과 동성인 당신에게서 남성 심리에 관한 조언을 듣고 싶기 때문이다. 이때 기분이 들떠 그 애인을 비판하면 본전도 못 찾는다. 천천히, 진지하게, 끝까지 애인에 대한 여성의 고민을 들어주어야 한다. **"그건 진짜 (나도) 슬픈데?" "그렇구나. 나도 그렇게 생각해." "나라면 이렇게 할 것 같아."** 등의 아이 메시지 I message로 공감해 주기만 해도 된다.

아이 메시지란 유 YOU 메시지, 즉 "너는 너무 생각이 많아." "너의 대응이 나빠." 등의 상대 YOU를 주어로 한 표현을 쓰지 않고 "(나는) 좋을 것 같아." "(나라면) 기쁘겠는데." 등의 나를 주어로 한 표현이다.

자기 생각을 표현하고 공감해 주는 것뿐이므로 실질적 대응은 상대에게 양보함으로써 "(너는) 이렇게 해야 해." 등과 같은 강압적인 느낌을 지울 수 있다.

이런 응대 방식으로 고민을 들어주면 극적인 변화가 일어난다. 신기하게도 당신이 그 남자보다 자립한 인간으로 보이는 것이다. 당신을 의지하며 상담하고 애인과 비교할수록 여성은 당신에게 의존도를 쌓아간다. 어느 틈에 애인보다 당신이 제일 먼저 떠오르는 존재가 되는 것이다.

심리기술 060

공동의 적을 향한 결속력 기르기

부정적 콘텐츠 공유

적군의 적은 아군이라는 표현이 있듯, 공통의 적이 있을수록 우리끼리의 결속이 강해지는 법이다. 결속을 위해서는 공통의 적이 불가결한 존재이자 적을 쳐부수는 손쉬운 방법이다.

일부 권위적인 집단에서는 구성원들의 불만이나 비판의 모순이 자신들에게 향하지 않도록 교육이라는 이름 아래 소리 없는 통제를 가한다. 증오해야 할 대상을 외부에 둠으로써 구성원들의 결속을 다지고 자신들의 부당함으로부터 눈을 돌리게 하기 위함이다.

이렇게 가상의 적을 만들어 결속을 꾀하는 방식은 불합리한 사실이 있었다고 해도 그것에 머물기 어렵게 하는 효과도 가진다. '저 사람이 나쁘다' 하고 **비난할 공통의 대상이 있으면 주변의 사소한 불합리에는 눈을 감아버릴 것이다.**

연민의 상대와 나은 관계를 만들고 싶을 때도 공통의 적을 만들면 성공할 확률이 높다. 물론 특정 인물을 가상의 적으로 만들어도 좋지만, 직장에서의 인간관계는 소속이나 직함도 유동적이므로 인물을 표적으로 하는 것은 피하는 게 좋다.

인간관계에서는 중립을 지키면서 가상의 적을 만들려면 부정적 콘텐츠를 이용하면 된다.

이 부정적 콘텐츠의 예로 술을 못 마시기 때문에 연회 참석이 힘들다, 영어가 어렵다, 컴퓨터를 잘 다루지 못한다, 노래하는 게 서툴다, 학력이 변변치 않다, 이혼 이력이 있다, 싱글맘이라 힘들다, 창립 멤버가 아니라 다른 곳에서 이직했다, 집이 멀어서 심야까지 야근이 어렵다, 실적 평가가 낮다, 출세가 늦다, 좌천되었다, 젊은데 머리가 벗겨졌다 등 헤아릴 수 없이 많다.

이런 부정적인 부분을 서로 나누면 쉽게 '상처를 어루만져 주는 관계'도 구축할 수 있다. 가상의 적은 말하자면 이와 같은 부정적인 부분을 갖지 않은 사람들이다. 이름하여 '부정적 콘텐츠 연합'을 통해 서로의 콤플렉스를 이해함으로써 서로 돕는 정신이 발현될 수 있다면 더할 나위 없이 강력한 관계가 만들어지는 것이다.

심리기술
061

스킨십으로
친밀도 높이기
개인 공간 침입법

인기 있는 사람에게는 다음과 같은 특징이 있다.

- 주변인에게 밝은 얼굴을 보이는 사람
- 불쾌하지 않은 선에서 우호적인 스킨십을 하는 사람
- 상대를 존중하는 자세로 대하는 사람

사람은 자신에게 웃으면서 다가오는 사람에게 호감을 느낄 확률이 높다. 정말 단순하다. 그 상태에서 가벼운 터치까지 전해진다면 다정한 그에게 이미 사랑에 빠지게 되었을지도 모른다. 게다가 그에게 격이 높은 존재로 대접받으면 자존감도 채워진다.

개인 공간Personal Space이란 자신이 허용할 수 있는 범위를 말하며 타인이 침입하면 불쾌함을 느끼는 범위다. 친밀한 사람이라면 그 공간은 좁고 한 손이 닿을 정도지만, 모르는 사람이라면 영역은 두 배 이상으로 확장된다. 상대에게 미움받지 않는 전제하에 가벼운 스킨십은 이성 간의 친밀도를 단숨에 높인다는 사실이 심리학 실험에서도 밝혀졌다. 물리적 거리가 가까울수록 남녀는 친밀해지기 쉽다(보사드의 법칙*).

---

* **보사드의 법칙** : 미국의 사회학자 제임스 보사드(James Bossard)가 주장한, 가까이 살수록 결혼할 확률이 높아진다는 이론.

"사람은 스킨십에 약하다!"

심리기술
062

상대의 마음을 읽어 그럴싸한 예언자 되기

바넘 효과

성별을 떠나 사주를 좋아하고 오컬트를 좋아하며 영적인(영성, 영적 능력) 것을 좋아하는 사람이 있다. 이런 것들에 심취하는 사람은 심리학적으로는 자기효능감이 낮고 스스로에게 자신감도 부족한 경우가 많다. 한 번 빠져든 것에 쉽게 매달리는 스타일이다.

  이러한 신기한 능력이 진실을 풀어줄지도 모른다고 믿는 이유는 그 사람이 편견에 휘둘리기 쉬운 성격이기 때문이다. 게다가 암시에 유도당하기도 쉽다. 이런 사람을 피암시성 Suggestibility이 높다고 한다.

  용하다는 무당이나 점쟁이가 있다고 하면 사람들은 몇 달을 기다려서라도 그를 만나길 원한다. 그 무속인들에게 공통된 점은 **타인의 심리 유도가 탁월하다는 것**이다. 다시 말해, 바넘 효과*를 활용함으로써 손님이 자신을 용하다고 믿게 하는 기술이 뛰어나다.

인간의 고민은 크게 나누면 돈과 인간관계, 건강, 미래 등 3~4가지 정도에 불과하다. 손님이 방문하면 엄숙한 의식(생년월일을 묻거나 기도하는 등)을 그럴듯하게 행한 후에 "당신은 고독하군요." "인생의 선택에 헤매고 있군요." 등 인간의 보편적 고민에 해당하는 계시를 늘어놓는데, 이때의 언변이 방문자를 혹하게 한다. 이 보편적인 사항들이 눈앞에 있는 손님에게만 해당하는 일인 것처럼 말하는 게 핵심이다.

사실 아무 걱정이 없는 사람이 이들을 찾았을리 만무하다. 실제로 여러 걱정을 안고 이들을 찾은 사람들은 "마음이 복잡하시군요." "상당히 고민이 있으시군요." 등의 말을 듣고 족집게라면서 동요하고 여러 가지 정보를 자발적으로 털어놓기에 그대로 상대의 술수에 속아 넘어간다.

이 원리를 이해한다면, 짝사랑 상대가 힘든 표정을 지었을 때 과감하게 말을 건네보자.

"사실 전 어릴 때부터 영감이 강해서 앞으로 일어날 일을 대부분

---

* **바넘 효과(Barnum Effect)** : 포러 효과. 보편적인 특성을 자기 성격과 같다고 믿으려는 현상. 이와 관련된 실험을 통해 현상을 증명한 심리학자가 버트럼 포러(Bertram Forer)다.

볼 수 있습니다."

"유코 씨. 무슨 일 있어요? 얼굴이 좋지 않네요. 제가 친구들 사이에서 영험한 사람으로 유명하거든요."

상대가 넘어온다면 그럴싸하게 밝은 미래를 예견해 주자. 그러면 당신과의 관계가 극적으로 변화해서 분명 바람대로 전개될 것이다.

심리기술 063

상대 말의 의도를 파악하고 들어주기

클라이맥스와 안티 클라이맥스 화법

소개팅하는 남녀의 대화를 듣고 있으면 그들 사이에 말하는 방식의 차이를 알게 된다.

남자   평소 여가 시간에 어떤 걸 하세요?
여자   전 겨울에는 스노보드를 타곤 해요.
남자   아, 전 스키는 좀 타본 적 있는데, 스노보드는 아직. 어렵지 않아요?
여자   전 처음에 스노보드부터 시작해서 잘 모르겠는데, 그렇게 말하는 사람이 많더군요.
남자   와, 스노보드부터 시작했어요? 용감하시네요.
여자   사실, 스노보드 대회에도 몇 번 나갔어요!
남자   오, 정말요? 완전 멋있는데요!

여성은 스노보드 대회에 나간 것을 말하고 싶어서 스노보드에 관한 화제를 던진 것이었다.

남자　저는 대회 경력이라고는 철인 3종 대회밖에 없어요.
여자　와! 철인 3종 경기요? 대단한데요.
남자　전 철인 3종 경기 대회에서 10위 안에 들어간 적도 있어요.
여자　굉장하네요. 그럼, 평소에도 훈련하시겠네요?
남자　그럼요. 팔 근육 만져볼래요? 탄탄해요.

위의 대화 예시를 보면 여성의 경우에는 남성의 반응을 살피면서 서서히 스노보드 대회 출전 화제로 몰고 갔고, 반면에 남성은 초반부터 자랑하고 싶은 화제를 단박에 꺼냈음을 알 수 있다.

이렇듯 결론을 후반부로 끌고 가는 정공법인 클라이막스Climax 화법과 결론부터 치고 들어가는 안티 클라이막스Anticlimax 화법이 있다.

클라이막스 화법이란 기승전결의 방식으로 화제가 이어지기 때문에, 성질 급한 청자는 흥미가 생기지 않아 상대가 이야기하는 도중에 자신의 화제를 꺼내 끼어들고 싶겠지만, 이러면 상대에게 주는 인상은 최악이다. 상대 이야기의 착지점이 보이지 않을 때는 **철저히 잘 들어주는 게 가장 좋은 대처법이다.** 이야기를 잘 들어주는 사람이 소개팅에서 성공한다는 우스갯소리도 무시할 수 없다. 한편, 직장에서 상사에게 보고할 때는 반대로 안티 클라이막스 화법이 최선이다.

심리 기술 064

다시 만나고 싶은 사람이 되는 방법은?

자이가르닉 효과

대화가 늘어져서 지루해졌을 때 갑자기 흥을 올리는 특효약이 있다.

여자　흠, (지루한 듯) 그렇구나.

남자　아, 맞다, 중요한 게 떠올랐어. 이걸 너한테 말해줘야겠어.

여자　응? 중요한 거라고? 나한테 중요한 거? 뭔데?

남자　아, 아니야. 오늘은 안 되겠어. 다음에 만나면 알려줄게. 특별한 얘기니까.

여자　어? 지금 말해줘. 뭔데, 뭔데? 알려줘.

여성이 대화에 집중하게 된 이유는 남성이 화제를 꺼내다 말고 중단했기 때문이다. 이렇듯 앞으로 **흥이 날 것처럼 기대**

하게 한 후 중단되면 다음 스토리가 궁금해져서 좀이 쑤신다.

이는 심리학에서 자이가르닉 효과Zeigarnik Effect라 불리는 현상이다. 연속드라마나 연재 만화 등에서 이야기가 고조되려는 시점에 '다음 회에 계속'이라는 화면이 뜨면 나도 모르게 '아!' 하는 소리가 나온다. 이런 상황을 경험했다면 알만한 현상이다. 아쉬운 만큼 기억에 쉽게 저장된다.

이는 데이트나 소개팅 현장에서도 써먹을 수 있다. 이야기에 꽃이 핀 시점에서 "갑자기 일이 생겨서 가봐야 해."라고 말하면 상대는 아쉬워한다. 그러면 다음 데이트 약속이나 연락처 교환이 순조롭게 이어진다.

연애에 성급함은 금물이다. 또 만나고 싶다는 생각을 심어주면 상대에게 의존 심리가 싹튼다.

" 자이가르닉 효과로
아쉬움을 남기자! "

심리 기술 065

상식적인 판단에 힘을 싣기

양가감정 효과

그다지 의식한 적이 없겠지만, 인간의 뇌는 좋고 싫음으로 사물을 판단한다. 잠재의식 또는 심층 심리, 무의식 등으로 불리는 본능의 영역에서 자동으로 판단이 이루어지기 때문이다. 그렇기에 싫어하는 일에는 의욕이 나지 않는다. 스트레스만 받기 때문이다. 또 때에 따라서는 양가감정Ambivalence을 느끼기도 한다. '좋지만 싫다' '존경하지만 경멸도 한다' '우월감도 있지만 열등감도 있다' '귀엽지만 괴롭히고 싶다' 등의 감정인데, 이는 행동으로 나타나기까지 한다.

양가감정은 마음의 안정에 상처를 입힌다. 스스로 제어하지 못한다는 당혹스러움과 딜레마에 빠지기 때문이다. 마음을 안정시키려면 두 가지 감정 중 어느 한 쪽을 선택해야 하지만, 판단하기 어려운 상태라는 것이다.

심리적으로 정상인 사람이라도 많든 적든 이런 양가감정을 지니고 있다.

관심 있는 상대가 이런 양가감정을 갖고 있는 경우, 확신을 줄 간단한 방법이 있다. 상식적인 판단을 내리도록 하려면 **'상식적인 판단'이라고 한마디만 거들어주면 된다.** 그러면 혼란스러워하는 마음은 암시 유도로 균형을 되찾고, 상식적인 판단 쪽으로 마음이 기울어 점차 안정을 찾는다.

한쪽만 편애하고 이쪽을 부당하게 차별하는 사람에게 "당신은 공정한 사람이니까 믿어요."라고 말하면서 상대의 불공평함이 들통나지 않았음을 가장해 공평성을 중시한다는 자세를 보여주자.

"나는 아부를 매우 싫어하는 사람이니까 나한테는 알랑거리지 마." 등의 말로 선언하는 사람에게는 "그런 강직한 점이 존경스럽습니다. 하지만 가끔은 상사에게 아부 떨어도 괜찮을 것 같아요." 하고 교묘하게 아첨 부리면 상대는 자기 안에서도 확고하지 않던 감정이 한쪽으로 기울어 침착해진다.

"내가 좋은지 싫은지 분명히 말해."라는 식으로 억지로 몰아세우면 "싫어!" 하면서 반발할지도 모르니 "당신이 나를 좋아하니까 나도 당신이 좋은 거야." 등으로 당연한 듯 대답하면 상대는 마음의 안정을 되찾는다.

심리기술 066

반대·장애 요인을 만들어 착각을 심어주기

로미오와 줄리엣 효과

인간은 착각하는 생명체다. 누군가를 멋지다고 느껴서 좋아하게 되는 것도 헤일로 효과로 나타나는 착각이 행하는 일임을 앞에서 이미 설명했다.

또 남녀 간의 만남에서 서로 멋있다고 느끼는 감정 역시 대단한 착각이 작용한 경우가 많다.

교제 자체를 누군가에게 방해받거나 저지당할 때, 무언가의 장애 요소로 인해 단절될 위기에 처한 경우, 두 사람이 그 방해에 대적하려 할 때 착각이 발생한다.

기혼자끼리의 불륜이 맺어지기 위해서는 각자 자기 가족을 떼어내야 한다는 전제가 있다. 따라서 주위에서도 상간 남녀의 교제에는 크게 반대할 것이다. 그러나 이런 때야말로 커플의 끈이 오히려 단단해지고 사랑의 불꽃이 활활 타오른다. 장애물을 극복하고 떨쳐내기 위해 자신들이 애쓰는 이유는 서로를 사랑하기 때문이라는 심리가 작용하기 때문이다.

물론 이 역시 착각이다.

그 증거로, 각자의 가족을 버리고 정식으로 이어진 두 사람은 **반대나 장애물이 사라지자마자 의외로 헤어져 버리는 사례가 흔하다.** 그렇게 활활 타오르면서 사랑을 고집하더니 어이없게 식어버리는 것이다. 터무니없는 착각이었기에 이성을 되찾은 후에는 '어째서 이런 사람을 사랑했을까?' 하면서, 서로의 결점도 두드러져 보이고 머쓱해져서 헤어진다.

이런 현상은 셰익스피어의 유명한 희곡에서 따온 '로미오와 줄리엣 효과'라고 불린다. 커플은 교제에 반대당하거나 방해받으면 더욱 열렬히 사랑하기 쉽다.

이를 이용해 보면 어떨까? 친구 이상 연인 미만의 커플이라면 주위의 친구들에게 협조를 구해도 좋다. "너희들은 아직 학생이잖아. 사귀는 건 빨라." "성격이 너무 안 맞아." "가정환경이 너무 달라서 헤어지는 게 좋아."라는 식으로 바람을 넣게 하는 것이다. 이에 대해 "나는 그런 것 신경 안 써. 너를 사랑하니까." 하고 표현하면 상대도 "나도 사랑해." 하면서 타오를지도 모른다.

심리 기술 067

전문가의 말이라면 조금 더 눈길이 가는 법

권위에 의한 헤일로 효과

만일 꼭 가까워지고 싶은 짝사랑 상대가 당신을 가볍게 여긴다고 할 때 당신은 어떤 수단을 써서 접근하는 게 좋을까?

우선 상대가 왜 당신을 가볍게 보는지 생각해 볼 필요가 있다.

① 당신과 사이가 좋아져도 득이 없다.
② 특별한 사유 때문에 당신이 싫다.

일반적으로는 이 두 가지 이유를 들 수 있다.

어떠한 이득도 얻지 못한다면 사이가 좋아진다고 해서 의미가 없다고 생각하는 합리주의자는 있게 마련이고, 또 싫어하는 인물은 만나도 즐겁지 않다. 이런 감정을 단숨에 역전시키려면 헤일로 효과의 일부이기도 한 권위의 힘을 활용해보

자. **타인을 가볍게 여기는 사람은 원래 권위에 약한 사람이기 때문이다.** 이것을 역으로 이용하면 된다.

권위란 직위 효과에 지나지 않는다. 높은 권위가 있어도 인격, 성격 등이 훌륭한 것은 아닌데도 헤일로 효과로 현혹되는 것이다. 가까이 가려면 전문가 효과를 이용하자. 누군가에게 부탁해서 당신을 '그 사람은 OO 전문가'라고 입김을 넣게 하면 된다. 상대가 자신의 취약한 분야의 전문가라고 하면 새로이 보일 수밖에 없다.

> **전문가 효과를 이용해 권위를 만들어내자!**

4장

대화의 주도권을 얻는 자가 반드시 웃을 것이다

결정적 순간을 만드는 한마디 승부 전략

심리 기술 068

호기심을 자극해서 상대를 구슬리기

피크 테크닉

피크^{Pique} 테크닉이라는 심리학 기법이 있다. 피크란 호기심을 자극한다는 뜻인데, 상대가 내게 무관심할 때 쓰면 효과적인 기술이다.

"안녕하세요. 오늘 신제품 소개를 위해 왔습니다." 하고 인사하면 "지금 바쁘니까 됐어요. 여긴 충분해요."라는 말로 발도 못 붙이고 내몰린다. 반면에, "안녕하세요. 오늘 깜짝 놀랄 상품을 특별히 모셔 왔습니다." 하고 말하면 상대의 반응도 달라질 것이다.

표현법을 약간 바꾸기만 해도 인상은 달라진다. '응? 뭐지?' '어라?' '저게 뭐야?' 하고 상대에게 호기심이 생겨서 문전박대하는 일은 줄어들 것이다.

광고 문구에는 이 피크 테크닉이 요소마다 적용된다.

입시학원에서 '내가 도쿄대학에 합격한 이유'가 아닌 '어떻게 내가 도쿄대학에?'라고 말한다든지, 이직 컨설팅 회사의 '이직 상담은 이쪽으로'가 아니라 '당신은 지금 연봉에 만족하십니까?', 생명보험 회사의 '고령자를 위한 의료보험' 대신 '60세에도 매달 3만 원짜리 의료보험!' 같은 문구를 쓰는 것이 그 예다.

이전 항목에서, 궁금증을 자아내서 주목을 모으는 기법으로 '인지적 불협화' 만들기에 관해 소개했는데 그와 매우 흡사한 기법이다.

교사가 "공부 따위 할수록 바보가 된다!" 하고 말하면 학생 머릿속에는 여러 겹의 물음표가 생긴다. 하지만 그에 더해, "공부하지 마! 생각하는 힘을 길러야 해."라는 추가 설명을 듣고 나면 고개를 끄덕이게 된다. 피크 테크닉 역시 이처럼 허를 찌른다는 점이 중요하다.

오후 한 시부터 시작되는 미팅에 지각자가 많은 경우 팀장은 사전에 "오후 12시 55분 정시에 시작합니다." 하고 전해두자. 출석 예정자는 '어? 왜 1시가 아닌 55분이지?' 하고 주의를 환기하고, 결과적으로 지각하는 사원이 감소할 것이다.

심리 기술
069

부드러운 말로
불안감 조성하기

피어 어필

살아있는 한 불안이나 공포의 심리와 무관할 수 없다. 큰 지진이 발생한다면? 암을 선고받는다면? 회사에서 해고된다면? 생각하기 시작하면 순식간에 이런저런 걱정거리가 하염없이 나올 것이다.

세상에는 이런 불안심리를 노리는 악덕 상법이 수없이 많다.

가령, 마룻바닥 무료 점검을 받았을 때 작업자가 "사모님, 큰일이네요. 흰개미가 집을 지었어요. 이게 지금 잡은 거예요." 하고 말하면서 작은 병에 든 흰개미를 보여주고, 지붕을 무료로 점검 받았을 때 작업자가 "사모님, 큰일 났어요. 지붕이 노화해서 비가 스며들었어요. 이대로 두면 집이 썩어요." 라고 한다. 그리고는 "지금 아주 저렴하게 수리해 드립니다." 하면서 계약서에 사인하도록 유도할지도 모른다.

물론 이런 예고 없는 방문판매에 의한 계약은 상황에 따라서는 특정 상거래법이 적용되어 계약을 해지할 수 있을지도 모른다. 그러나 공사를 진행한 다음에는 어떻게 될지 모르는 일이다.

이런 수법을 피어fear 어필이라고 한다. 피어는 불안이나 공포라는 뜻으로, 온갖 광고 사례에도 수없이 쓰이는 기법이다. 보험에서는 "만일의 사태에 가족을 지킬 수 있습니까?", 가글액을 광고할 때는 "당신의 입냄새, 정말 괜찮은가?" 등이다. **피어 어필은 강력하게 위협하면 상대를 불안하게 한다.** '명령을 거역하면 해고야'가 아니라 부드럽게 '설 자리가 없어져'라고 하는 게 더욱 효과를 발휘한다.

" 피어 어필은 적정선을 지켜야 효과가 있다! "

심리기술
070

타깃을 정해 아주 쉬운 부탁하기

링겔만 효과와 극소 의뢰

거리에서 "자선모금에 동참해 주세요!"라거나 "OO 반대 서명 부탁드립니다." 등으로 말을 걸어와도 사람들은 발 빠르게 스쳐 지난다. 도와줄까, 라는 생각이 들다가도 뭔가 찜찜하기도 해서다. 그렇다고 대놓고 정공법으로 부탁하면 여러 의미에서 저항 지수가 올라간다. 뭔가 쑥스럽기도 하고, 시간을 뺏긴다는 느낌이 들 수도 있다. 귀찮다는 심리뿐 아니라 지나가는 사람 모두를 향한 말이니 '누군가는 하겠지'라는 심리도 작용하는 것이다.

이는 여럿이 줄다리기할 때 '나 하나쯤은 힘을 빼도 괜찮겠지'라는 심리나, 의원 수가 많으면 어차피 유권자가 알아채지 못할 것이라는 심리와 같다. 이런 사회적 방관 현상을 심리학에서는 링겔만 효과Ringelmann Effect라고 부른다. '자기 외의 누군가가 하지 않을까' 하는 무책임에서 비롯된다.

여러 사람이 목격하는 상황에서 공공연하게 폭력적인 범죄가 발생해도 아무도 막으려 하지 않았거나 또는 경찰에 신고하지 않은 사건이 실제로 세계 각지에서 일어난다(방관자 효과). 만일 자신이 피해자였다면 생각하기만 해도 소름 돋는 이야기다. 그럴 때는 "거기 푸른 스웨터 입은 분, 옆에 우산을 들고 있는 분. 힘이 세 보이는 젊은 두 사람이 막아주세요." 등으로 사람을 확실하게 지명해야 한다. **타깃을 한정하면 가타부타 말할 수 없기 때문이다.** 거리에서 자선모금을 하거나 서명 활동을 할 때에도 다음과 같이 말하면 좋다.

"안경 낀, 착해 보이는 아저씨. 부탁합니다."
"멋진 모자를 쓴 사모님, 부탁드려요."

그리고 더욱 효과적인 한마디를 덧붙이자.

"100원이어도 괜찮습니다!"
"10초면 충분해요. 성함만 적어주시면 됩니다."

이렇게 최소한의 부탁을 부여받으면 '그쯤이야' 하며 협조할 가능성이 높아진다.

거리에서 누군가에게 작업을 걸려면 "아주 잠깐, 2분 33초만 저랑 커피 마실래요?"라는 식으로 부탁해보자. '어라?' 하는 물음표를 건네는 피크 테크닉과 극소 의뢰 기법이 효율을 높일 것이다.

심리기술 071

그럴듯한 자료로 주장에 근거를 더하라

세분화와 통합화의 기술

아래 대화는 모 기업에서 총무과장으로 근무하는 당신과 독불장군 같은 사장이 대화한다는 설정의 내용이다.

사장   자네, 전 직원 여행이라도 가면 흥이 나지 않을까 싶은데 어때?

당신   저는 찬성입니다. 그런데 사원들은 아마 70~80퍼센트가 반대할 것 같습니다.

사장   흠. 그럼, 자네가 사원들의 의견을 정리해서 실시하는 방향으로 이끌어주게.

당신   네? 제, 제가요?

사장   당연하지. 자네 외에 누가 있어? 자네가 모두를 설득해 봐.

난처한 사태가 벌어졌지만, 괜찮다. 이럴 때는 설문조사가 도움이 된다. 우선 여행에 관해서 찬성하는지 또는 반대하는지를 직접적으로 물어서는 안 된다. 반대 의사가 대부분을 차지할 것이 뻔하다. 이럴 때는 사원의 '의식 조사'라는 설문을 만들어 첫째 항목에 슬쩍 끼워 넣는다.

예를 들면, '사원 식당 메뉴에 관해서' 혹은 '플렉스 타임제*의 시행에 관해서' 등의 질문에 자연스레 이어지도록 '사원 여행에 대해서'라는 질문을 집어넣는 것이다. **단, 주의해야 할 점은 호기심이 생길 만한 조건만 나열해야 한다.** 그러면 다음과 같은 결과가 나올 것이다.

①	사원 여행에 참여하고 싶다.	17%
②	해외라면 사원 여행에 참여하고 싶다.	15%
③	공휴일을 써버리지 않고 평일에 진행하는 사원 여행이라면 참여하고 싶다.	22%
④	특별 유급휴가가 지원되는 사원 여행이라면 참여하고 싶다.	11%
⑤	사원 여행에 참여하고 싶지 않다.	35%

* **플렉스 타임제** : Flex-time, 출퇴근 시간을 자유로이 조정해서 하루 근무시간을 채우는 제도.

사원 여행을 간다는 전제의 조건들을 붙여 놓으니 가고 싶은 사람이 단숨에 65퍼센트까지 늘어났다. 이것이 조건을 세분화해서 나열하는 요령이다. 발표할 때는 이 결과를 통합화한다. 결과적으로 희망자가 65퍼센트였으니 추진한다고 하면 되는 것이다.

심리기술 072

나중을 위해 이것만은 지켜라
반보성의 원리

외출이나 출장이 많은 영업사원은 내근하는 사무직원을 자기 편으로 만들어둘 필요가 있다. 자신이 외근하느라 회사에 없을 때는 전화 한 통으로 사무직원에게 일 처리를 부탁할 경우가 많다. 사무직원에게 미운털이 박힌 영업사원은 다음과 같은 상황에 직면할 수도 있다.

영업사원 마쓰모토 씨, 죄송한데 내가 담당하는 A사의 이번 달 청구액이 현재 얼마인지 집계 데이터를 확인해 줄 수 있어요?

사무직원 지금 바쁜데, 나중에 해드릴게요. 오후에 다시 전화 주시던가요.

영업사원 아, 지, 지금 봐주었으면 좋겠는데, 부탁이에요.

사무직원 지금 정신없다니까요. 어땠든 오후에 해드릴게요.

간단히 무시당하고 만다.

이런 상황에 맞닥트리지 않기 위해서는 심리학에서 **반보성의 원리를 평소에 똑똑하게 활용해야 한다.** 반보성의 원리란 상대에게 빚을 만들어두면 상대는 빚을 갚으려고 하는 심리다. 당신이 호의를 보이면 상대도 호의로 반응하는 심리작용이다.

외근하거나 출장에서 돌아올 때마다 사무직원에게 과자 같은 아주 사소한 것이라도 선물하자. 사무직원은 마음 깊은 곳에 '번번이 고맙네'라는 생각을 품고 있어 의뢰를 거절하지 못하게 된다.

" 선물로 반보성의 원리를 " 심어놓는다!

심리 기술 073

넘버원 효과로 상대를 구슬리기

넘버원 효과

케이크 상점의 진열대 안에 '인기 No. 1 디저트!' 같은 문구로 장식된 광고 카드를 보면 무심코 해당 상품에 시선이 간다. 이밖에 '작년 매출 No. 1' '최다 누적 판매량' '고객 지지율 최고 상품'과 같이 최고의 실적을 나타내는 온갖 표현이 다 붙어 있다.

'넘버원'이라는 울림에는 집중도를 높이고 기억에 남는 효과가 분명히 있다. 그런데 자세히 보면 '일부 상품에 한정' 등과 같이 깨알 같은 글씨로 제한하는 글귀를 덧붙여놓는 사례도 있다. 그러나 이때도 No. 1의 울림은 찬란하게 빛을 발한다. "No. 1이 되는 게 목표입니다!"라는 단순한 목표선언조차 "오, 굉장한데!" 하고 감탄하게 하는 효과가 있다.

이 No. 1 효과는 기업이나 상품을 어필할 때 쓰기도 하지만 직장에서 인간관계를 원만하게 하기 위해서도 살릴 수 있다.

"오노데라 씨는 배려에 있어서는 No. 1이지!"

"미야모토 군은 컴퓨터 입력하는 데 No. 1이야!"

"행동력 No. 1인 오쿠야마 군, 꼭 부탁해!"

어째서인지 No. 1이라는 말을 들으면 뿌듯해지고 의욕도 넘친다. 단연 최고라는 평가 덕분에 자신은 챔피언이라는 우월감을 유지하고 동기를 북돋우기 때문일 것이다.

참고로 "유감스럽게도 2위에 머물렀습니다!"라는 어필도 비법으로 쓸 수 있다. No. 1이 되고자 노력했으나 도달하지 못한 안타까움이 전해지기 때문이다. 어째서일까, 라는 패배한 이유가 궁금해 동정 어린 응원도 기대할 수 있다.

심리기술 074

"당신은 OO한 사람이군요." 하고 규정짓기

라벨링 효과

이전 항목에서 설명한 No. 1 효과는 결과에 초점을 맞춘 것으로, 집중도를 높이거나 상대의 기분을 고양하는 효과가 있었다.

이번 항목에서는 '지금은 아니어도 분명 그렇게 될 것이다' '틀림없다' 하고 확신을 전함으로써 상대를 그 방향으로 유도하는 기술에 관해 설명하겠다.

이미 피그말리온 효과를 다루면서 설명했으나, **인간은 기대를 받으면 그 기대를 저버리지 않기 위해 행동하는 경향이 있다.** 이와 반대되는 개념으로, 기대하지 않는 태도를 보여서 늘 "바보구나, 너." 따위의 말로 트집만 잡으면 정말로 몹쓸 인간이 되는 현상을 골렘 효과 Golem Effect 라고 한다. 내가 원하는 인간이 되게 하려면 기대를 거는 게 좋다. 상대를 내 생각대로 유도하기에 빠른 수단은 상대에게 그에 어울리는 낙인을 찍어버리는 것이다. 이것이 바로 라벨링 효과다. 예를 들면 요리에 소질이 없는 아내에게 계속 다음과 같이 말하면 점점 솜씨가 좋아진다.

"당신이 만드는 요리는 늘 맛있어. 날마다 기대돼."

일을 못 하는 갑갑한 직원에게는 조금 나아졌을 때 바로 이렇게 말해주자.

"오, 자네는 일이 빠르군. 내용도 좋아. 이런 식으로 계속 부탁해."

남편의 게으름과 무심함을 개선하고자 한다면 조금씩 단계를 확장하자.

"어머, 다 먹은 그릇 개수대에 넣어주었네. 배려해 줘서 정말 기뻐."
"어머, 개수대에 식기를 다 넣어주고, 물에 담가주기까지 했네. 세심한 도움 고마워."
"어머, 그릇 몇 개를 씻어주었네. 대단한데. 폭풍 감격했어. 자상한 남편이야."

심리 기술
075

때로는 거절로
우위를 선점해야 한다

거절 표시

영업직이나 판매직에 종사하는 사람은 고객의 요구를 잘 따르고 지나치게 충실하기까지 하다. '손님은 왕' '고객 만족도 최고를 목표로' 등과 같은 표어의 희생양인 이들은 고객의 무례함에 휘둘리다가 진이 빠지기 쉽다. 늘 바닥에 닿을 듯 고개를 조아리면서 손님이 원하는 대로 다 들어주면 손님은 점점 거만해진다. 안될 줄 알면서도 그냥 해본 말에 의외로 가격을 낮추어주더라는 경험이 손님을 멋대로 굴게 하는 것이다.

성심성의껏 서비스하면 고객이 고마움을 느낀다고 생각하겠지만, 오히려 그 반대다. 고객은 자신이 하는 말에 무조건 따르는 사람을 가벼이 여기므로, 인격만 낮아질 뿐이다.

손님은 자신의 요구를 전부 들어주는 영업사원을 보고 이미 우위를 선점했다. '나한테 거절당하면 다른 곳에 시도해 볼 곳이 없어 곤란하겠지. 팔리지 않는 상품을 파는 것도 힘들 거야. 사후관리가 철저하다고는 하지만 이 영업사원이 바로 그만두어버릴 수도 있잖아?'라는 식으로 생각한다.

손님 말에 무조건 따르지 않고 "그건 힘들겠습니다." "불가능합니다." "필요하지 않으시면 구매하지 않으셔도 됩니다." 등의 말을 들으면 손님은 자신감 있는 영업사원의 태도에 눈이 동그래질 것이다. 손님에게 **솔직하게 정면승부를 할 정도로 성실한 사람이라고 느낄 것이다.** 고객은 정직하면서도 우수한 사람에게서 가치가 있고 잘 팔리는 상품을 사고 싶을 뿐이다.

구매심리 과정에 관해서는 아이드마의 법칙*이 유명하다. "그건 무리입니다."라고 거절당하면 손님은 '어째서?'라고 주의를 환기하게 되고 갑자기 흥미가 솟는다.

---

*　**아이드마의 법칙** : AIDMA, Attention, Interest, Desire, Memory, Action의 앞 글자를 딴 표현

" 딱 잘라 거절하여 결과를 낸다! "

아이드마의 법칙

1. Attention (주의) ········· 인지 단계
2. Interest (관심·흥미)
3. Desire (욕구) ········· 감정 단계
4. Memory (기억)
5. Action (행동) ········· 행동 단계

→ 소비자의 구매 결정 심리

심리 기술 076

공감을 이끌어내는 허위의 불가항력을 동원하기

불가항력 제시

타인의 부당한 행위나 실패로 내게 불똥이 튀어 불편함이나 피해를 뒤집어쓰면 분노가 차오른다. 형식적인 사과를 받아봤자다. 용서하는 마음이 우러나지 않으면 '저 인간 때문에 얼마나 힘들었는지' 하고 언제까지고 가슴에 남게 된다. 죄를 미워하되 사람을 미워하지 말라는 말이 있으나, 대부분은 그 사람의 존재 자체를 증오한다.

형사사건의 재판에서는 정상참작이라는 양형의 경감 사유가 인정된다. 죄를 범하게 된 경위가 어쩔 수 없었거나 동정해야 하는 경우, 반성의 태도가 확연히 나타난 때에 감형이 주어진다. 피해자인데도 가해자에게 동정해서 무거운 형을 바라지 않는 뜻을 재판장에게 신고하는 사례도 있다.

피해당한 사람은 가해자 쪽에 정상참작의 여지가 있는지 없는지에 따라 마음가짐도 꽤 달라진다. 심지어 부당해 보이는 가해자의 행위가 사실은 불가항력에 의한 것이었음이 나중에 밝혀진다면 어떨까? **자신도 같은 불가항력의 이유였다면 같은 전철을 밟았을지도 모른다는 연민이 생기기도 한다.** 그러면 그 사람을 미워하거나 증오하는 마음이 한 번에 얼음 녹듯 녹는다. 물론 그러기 위해서는 배경 상황에 대해 용납할 만한 신빙성 있는 설명이 필요하다. 시간이 흐른 후에 다음과 같은 속사정을 만들어내어 잘 마무리 짓기도 한다.

당사자   그때는 정말 불편을 끼쳐 죄송했습니다.

상대방   이제 와서 아무래도 상관없습니다. 당신이라는 인간을 충분히 알았으니까요.

당사자   사실, 당시 상사한테서 그렇게 하지 않으면 자를 것이라고 협박받아서…….

상대방   네? 그런 거였어요? 그럼, 당신의 상사가?

당사자   네. 정말 죄송했습니다. 갑질 상사는 그 일을 계기로 좌천되었습니다.

상대방   아이고. 그럼, 당신도 피해자였네요.

심리기술 077

일을 키우지 않으려면 시간차를 두고 사과하라

시간차에 의한 불안심리 증대

상대로부터 따끔한 질책이나 긴 설교가 이어질 때 고마움을 표현하여 그 공격을 완화하는 방법에 대해 전했다. 여기에서는 역시 질책을 완화하는 방법으로 시간차를 이용하는 예를 다루겠다.

직원	부장님, 죄송합니다. 사실은 또 엄청난 실수를 저질렀습니다.
상사	뭐, 뭐라고? 자네 또 사고 쳤어? 이 사람이 정말.
직원	네, 죄송합니다. 뭐라 드릴 말씀이 없습니다.
상사	당연하지! 어떤 사고를 쳤는데? 내 얼굴에 어떤 먹칠을 하려고?
직원	저도 각오하고는 있지만, 지금 여기서 말씀드리기는 좀······.

| 상사 | 뭐라고? 좋아, 그럼, 응접실에서 듣지. 지금 당장 응접실로 와! |

 이때 어마어마한 실수라는 것과 그에 대해 당연히 책임질 것이며 각오도 되어 있다고 표명하는 게 핵심이다. **보고할 때는 다른 장소로 이동하도록 유도한다.** 이것이 시간차를 만드는 것이다. 이동하는 동안에 상사의 머릿속에는 수많은 불안과 초조한 생각들이 펼쳐진다. 엄청난 실수란 도대체 어떤 사태일지 걱정스러워 심장 박동도 빨라지고 혈압도 상승한다. 통상적으로 이렇게 틈을 벌리는 경우 인간은 최악의 사태를 상상하기 때문이다. 상사는 각오하고 스스로 진정하려고 필사적으로 노력하며 질문한다.

상사	그래서, 도대체 어떻게 되었다는 말이야? 무슨 짓을 한 거야? 빨리 말해봐.
직원	저, 사실 틀림없을 것 같았던 H사의 수주에 실패했습니다.
상사	어? 난 또 뭐라고!

 엄청난 최악의 실패를 상정했던 상사는 이 대목에서 아무 말도 할 수 없다.

심리기술 078

기대하고 있었는데 품절이라는 사실을 알았을 때

게인·로스 효과

점심으로 우동을 먹으려고 식당에 갔는데 "미안합니다. 오늘은 재료가 다 떨어졌어요."라는 말을 들으면 괜히 우동이 머릿속에서 떠나지 않는다.

영업사원에게서 전에 소개받은 스페셜 서비스를 신청하려고 연락했다가, "죄송합니다. 예상외로 반응이 좋아서 신청자가 많았습니다. 이미 서비스가 종료되었어요."라고 들으면 깊은 분노가 차오른다. 바로 이때 "아, 1인분이라면 준비해 드릴 수 있어요." 또는 "미리 말씀을 주셨으니 특별히 서비스를 적용해 드릴게요."라는 말을 들으면 기뻐서 신청한다. 얏호! 하고 펄쩍펄쩍 뛰고 싶은 정도다(게인·로스 효과). 이미 해설한 한정·희소성의 법칙이 더욱 강화되어 작용한 결과다. 원래의 수량에 한계가 있거나 거의 입수하지 못할 물건에는 지금 사두지 않으면 두 번 다시 손에 들어오지 못할지도 모른다는 심리가 작용하는데, 이미 없어져 버린 상황이 되면 더욱 상실감이 증폭되기 때문이다. **망설이는 사람을 결심하게 할 때 유용한 장치다.**

점원   아, 손님, 만일을 위해 재고를 확인해 보겠습니다. 앗, 벌써 품절이군요.
손님   네? 뭐야, 안 되는데!
점원   아, 있네요! 안쪽에 있었습니다. 딱 하나 있는데 어떻게 하시겠어요?
손님   당연히 사야죠.

" 상실감을 자극받으면 " 무조건 사고 싶어진다!

심리기술 079

"얼마 동안?" 하고 시간을 물어라

의향 타진법

누군가로부터 무단으로 자기 공간을 침해당하거나 민폐 행동을 당하면 화가 치민다. 사람에게는 승인 욕구(인정받고 싶고 칭찬받고 싶은 욕구)가 있어서, 허가 없이 타인에게 주도권을 빼앗기면 무시당했다거나 모욕받았다고 생각하는 것이다. 그렇다고 화를 내면 대개는 안 좋은 사태를 맞는다.

동료 A   이봐, 이게 뭐야! 이런 곳에 멋대로 박스를 쌓지 말라고!

동료 B   우리 부서 공간이 가득 차서 어쩔 수 없어. 좀 봐줘.

동료 A   장난해? 왜 우리 부서가 당신 부서의 창고가 되어야 하는데?

동료 B   어쩔 수 없다잖아! 공간이 없다고!

| 동료 A | 빨리 치워! 방해된다고, 방해! 적당히 좀 하라고! |

 동료 B가 처음부터 저자세로 승낙을 얻어야 했음은 두말할 것도 없다. 그랬다면 조금은 상황이 바뀌었을지도 모른다. 동료 A를 화나게 하는 험악한 상태를 만든 것은 애초에 동료 B에게 책임이 있다. 그러나 동료 A도 어른스럽지 못하다. 느닷없이 고자세로 화를 내고 행위의 부당성을 지적하면 반발을 사는 것도 당연하기 때문이다. 직장이라면 이런 말싸움으로 끝날지도 모르지만, 거리에서는 골치 아파진다.
 금연 공간에서 담배를 피우는 사람에게 주의를 주었다가 다툼이 시작되어 칼부림 사태로 번졌다거나, 집 앞에 불법 주차한 자동차 주인을 혼내주었다가 상대가 오히려 화를 내고 싸움으로 이어졌다는 사건이 일어나고 있기 때문이다.
 상대의 부당행위를 지적할 때는 상대의 승인 욕구까지 배려하지 않으면 안 된다. 금연 구역에서 담배를 피우는 사람에게는 "언제까지 여기에서 피우실 건가요?" 하고 묻는다. 불법 주차한 자동차 주인에게는 "얼마 동안 주차하실 건가요?" 하고 묻고, 전철 안에서 핸드폰으로 통화하는 사람에게는 "통화는 어느 정도 걸리시나요?" 하고 묻는다. 그러면 대체로 순순히 그 의도를 파악하고 멈추어준다.

심리기술 080

생각할 시간을 충분히 주는 것같이 말하라

의향 타진의 확장형

이전 항목에서 소개한 '어느 정도 걸릴까요?'라고 시간을 질문함으로써 부당한 행위를 멈추게 하는 방법은 의향 타진법이라 불리는 심리기술에 속한다. 상대의 의향을 타진하는 방식을 취함으로써 상대의 행위나 처지를 어느 정도 이해하고 있음을 알리는 것이다. 상대의 자존심을 존중하면서 이쪽의 의사를 피력하는 구도다.

사람은 자신이 부당행위를 하고 있어도 누군가가 주의를 주면 반발심이 솟는다. 지시·명령 듣는 것을 아주 싫어하는 게 인간이기 때문이다.

"○○ 하는 건 그만둬." "○○는 금지야." "내가 하라는 대로 해." 등의 말을 들으면 자신의 행위뿐 아니라 인격 자체를 부정당한 것처럼 느낀다.

지시·명령은 윗사람이 아랫사람 대하듯 말을 내뱉게 되므로 '당신이 하는 말 따위 듣고 싶지 않아'라는 반발을 부르고 따르겠다는 의지보다는 반항심을 앞서게 한다. 이는 금지당할수록 더욱 하고 싶어진다는 칼리굴라 효과와 같다.

그런데 금지당함으로써 호기심을 자극하는 칼리굴라 효과보다 훨씬 반발을 부르고 거스르고 싶은 심리로 기울기 쉬운 것은 지시·명령에 의한 행동 규제다.

반발을 최소화하기 위해 의향 타진의 확장형이라는 심리기술을 쓰면 소통 기술이 눈에 띄게 향상한다. '어떻게 안 되겠습니까?' 하고 상담을 희망하는 방법을 써보자.

"짐은 얼마나 둘까요?"
⇒ "짐을 둘 곳이 마땅치 않은데, 어떻게 안 될까요?"
"언제까지 여기에서 피우실 건가요?"
⇒ "금연 공간이라서, 어떻게 안 될까요?"
"얼마 동안 주차하실 건가요?"
⇒ "집 앞이니 어떻게 안 되겠습니까?"
"얼마나 걸리시나요?"
⇒ "핸드폰 통화 좀 어떻게 안 되겠어요?"

지시·명령과 다른 점은, 상대가 조금이라도 자기 판단을 할 수 있다고 느끼기 때문에 승인 욕구가 채워진다는 것이다.

심리 기술 081

설득을 할 때는 수치나 데이터를 보여주기

숫자의 효과

수치 데이터를 제시하며 강조하면 그것만으로도 설득력이 높아진다.

점원	손님, 가정용 전기요금 중에서 4분의 1을 차지하는 가전제품이 어떤 건지 아세요?
손님	4분의 1을 차지하는 가전? 글쎄. 잘 모르겠어요.
점원	바로 에어컨입니다. 에어컨이요. 이것이 전기요금의 4분의 1을 잡아먹습니다.
손님	흠. 생각보다 많이 들어가네요.
점원	그렇죠. 그런데 손님 가정의 에어컨은 언제 구매하신 제품인가요?
손님	글쎄요, 10년은 지난 것 같은데요. 그래도 아직 잘 돌아가요.

점원	그럼 10년 전의 에어컨과 지금 에어컨의 전력 사용량 차이를 아세요?
손님	글쎄요, 20~30퍼센트 향상되었을까요?
점원	손님, 요즘 에어컨은 10년 전에 나온 모델의 40퍼센트밖에 전기요금이 나가지 않습니다. 60퍼센트나 절전 효과가 있어요.
손님	호오, 그건 몰랐네요.
점원	손님의 가정에서 매일 쓰시는 전기요금이 30만 원이라면 최신형 에어컨으로 바꾸었을 때 전체 15퍼센트를 절전한다는 계산이 나옵니다. 매월 4만5천 원을 절약하므로 1년이면 54만 원, 2년이면 약 110만 원을 절전하는 것이죠.
손님	이야, 2년 만에 본전은 뽑겠네요.
점원	그렇죠. 이참에 결정하시죠.

술술 알기 쉬운 숫자로 공략하는 게 요령이다.

" 수치 데이터는 강한 "
설득 효과를 발휘한다!

심리기술 082	**"혹시" "예를 들자면"으로 본심을 떠보기**
	가정형 질문

정공법으로 질문했다고 해서 상대가 솔직하게 무엇이건 대답해 준다는 보장은 없다. 오히려 질문 내용에 따라서는, 그런 걸 묻다니 무례하기 짝이 없다는 표정으로 불쾌해하는 사례도 많다. 학력, 경력, 수입, 직함, 자산, 가족구성, 애인의 유무 등 사적인 영역이라면 더욱 조심해야 한다.

대화 도중 이와 관련된 질문을 하고 싶어졌을 때 쓸만한 방법이 있다. "혹시?" "예를 들자면요." "만약에 말입니다."와 같은 가정을 전제로 한 대사로 밑밥을 뿌리는 것이다.

가상의 이야기로 만들어버리면 직접적으로 묻는 것은 아니다. 물론 유도 질문이기는 하지만 재미나게도 이런 질문을 던지면 누구나 성실하게 대답해 준다. **가상의 이야기라서 마음 편하게 대답할 수 있는 것 같다.**

당사자	혹시 해박한 지식을 갖고 계신 야마자키 씨는 초일류 대학 출신인가요?
상대	아니에요. 전 대학은 안 나왔어요. (멋쩍은 듯 웃으며) 고졸이에요, 신경 안 쓰셔도 돼요.

· · ·

당사자	만약에요, 당신 회사 정도면 30대에 연봉 1억 원도 가능하지요?
상대	에이, 옛날 일이에요. 지금은 30대에서는 힘들어요. 45세 정도는 되어야 해요.

· · ·

당사자	요코야마 씨는 여러 가지 임원직도 거쳐오셨나요?
상대	아뇨. 저는 회사에서는 아직 과장급입니다.

이런 식으로 하나둘씩 털어놔 주기에 재미있는 전개를 기대할 수 있다.

심리기술 083

제삼자를 통해 칭찬하는 방법
윈저 효과

칭찬하는 말을 습관처럼 하는 사람은 대단한 사람이다. 칭찬은 생각보다 쉽게 나오는 말이 아니다. 칭찬이 어색한 사람은 상대를 칭찬하면서 왠지 자기가 열등한 존재처럼 느껴진다. 자신보다 지위나 권력, 위치가 명백하게 위인 존재라면 당연하게 칭찬할 수 있지만, 동년배의 상대나 선후배를 칭찬하기는 본능적으로 어려운 것이다.

그러나 직장에서 인간관계를 원만하게 유지하기 위해서는 동료이건 후배이건 솔직하게 칭찬하지 못하면 힘들다. **칭찬은 상대의 승인 욕구를 채우는 강력한 도구이기 때문이다.**

칭찬하는 방법에는 다음의 네 가지가 있다.

- 아첨 … '역시 굉장하네.' 하고 상대에게 아첨하기
- 공감 … '오, 그렇지!' 하고 상대에게 공감하기

- 배려 … '괜찮아?' 하고 상대를 염려하기
- 겸손 … '덕분에' 하고 자신을 낮추기

아부로 들리기 쉬운 것은 아첨과 겸손이 들어간 칭찬이다. 이런 표현을 쓸 때는 "OO씨가 굉장하다고 칭찬하던데요." 등과 같이 제삼자가 한 말을 전달하는 것처럼 말해주자. 전달형 칭찬은 윈저 효과라고 하여, 신빙성이 높아지고 전달해 준 사람에게까지 좋은 인상을 준다. "누가 그러던데~"만으로도 효과가 있다.

> " **윈저 효과는
> 신빙성이 높아서
> 효과가 좋다!** "

심리기술
084

"이건 비밀인데요."
특별함을 심어주기

비밀 공유

"우리끼리만 아는 걸로 해주셨으면 하는데요."라는 말을 들으면 무심코 몸을 내밀게 된다. 특별히 은밀한 이야기를 들려줄 테니 다른 말 하지 마세요, 하고 고지받는 것이니 당연한 반응이다.

자기 속내를 고백함으로써 상대와의 친밀도를 높이는 자기 개시의 효과를 설명했는데, 비밀을 특별히 알려주는 행위에 대해서도 '비밀 공유 관계'가 작용해 같은 효과를 기대할 수 있다.

당사자	우리끼리 얘기인데, 사실 이 제품은 사토 씨의 지적대로 내부는 별로 바뀌지 않고 외형 디자인만 바꾼 거예요.
상대방	후후, 역시. 그래서 업그레이드했다는 이유로 가

격을 올렸군.

당사자	과연 사토 씨는 예리하네요. 새삼 감탄했습니다. 굉장해요.
상대방	하하하, 뭐, 자네 얼굴을 봐서 이번 건은 비밀로 해줄게.
당사자	감사합니다. 사토 씨 덕분에 정말 많이 배웁니다. 앞으로도 지도 편달 부탁드려요.

이렇듯 비밀 공유 관계는 자기 개시와 마찬가지로 '당신에게만 특별히 말해준다'라는 한정·희소가치 효과도 불러온다. 상대를 잘 구슬리기에 아주 유용한 기법임을 알 수 있다. 불만을 토로해올 때도 써먹을 수 있으므로 제대로 구슬려주자.

심리 기술
085

결단력 없는 상대라면 양자택일하도록 유도하라

양자택일

우유부단해서 결정을 못하는 사람에게 결단을 재촉하는 방법에 관해서는 이미 설명했다. 내 쪽에서 자신 있게 선택해 강하게 추천해 주는 것과, 결단이 결과적으로 틀렸어도 아무런 문제도 생기지 않음을 강력히 주장하는 방법이다.

이런 사람은 뒤에서 밀어주지 않으면 결정하기 힘들어하기 때문인데, 이번 항목에서는 우유부단한 사람이 스스로 결정했다고 착각하도록 하는 방법을 소개하겠다. 바로, 양자택일 질문으로 몰아넣는 방법이다. **상대가 마음에 들 것 같은 두 가지 선택지를 제시해서 어느 쪽이 나은지 고르도록 하는 요령**이다.

이렇듯 어디까지나 선택이 당연하다는 전제로 접근하는 것을 오전제 암시라고 하는데, 여기에서는 허를 찌르는 방식이 아니라 진지하게 고민하게 하면서 어느 한쪽을 선택하게 하는 방식에 초점을 맞추었다.

매장 직원　손님, 커튼을 고르시려고요?

손님　네, 그렇긴 한데……. 이렇게 종류가 많으니 도저히 못 고르겠네요.

매장 직원　손님, 괜찮으시면 제가 도와드릴게요. 어떤 방에 달 커튼을 고르시는 건가요?

손님　거실에요.

매장 직원　손님의 거실에 맞는 커튼은 이쪽, 따뜻한 계열과 시원한 계열 중 어느 쪽이 좋으신가요?

손님　음, 글쎄, 역시 따뜻한 계열이 좋을 것 같은데요. 거실이니까요.

매장 직원　그러시군요. 즐거운 공간이니까요. 무늬는 짙은 쪽과 연한 쪽 중에서 어느 쪽이 나으세요?

손님　글쎄요, 짙은 쪽이 나을 것 같네요. 차분해지니까.

매장 직원　그러시면 이쪽 A 제품과 B 제품 중 어느 쪽이 취향에 맞으십니까?

손님　음, B 제품이 좋을 것 같군요. 그럼, 이것으로 할까나.

매장 직원　감사합니다. 정말 안목이 높으시네요.

심리기술 086

회의에서 무조건 주도권을 잡아야 하는 이유

스틴저의 3원칙

회의할 때 주도권을 쥐고 싶다면, **사전교섭을 통해 동조해 주는 사람을 많이 만들어두자.** 그러면 본 회의 자리에서 동조 효과가 작용해 합의를 얻기 쉬워진다. 이는 밴드웨건 효과가 작용하기 때문이다. 하지만 늘 사전에 교섭할 수 있는 상황이 오지는 않는다.

자신의 의견에 동의해 주는 사람이 단 한 명밖에 없는 경우에는 어떻게 하면 좋을까? 그럴 때는 우선 동조자에게 자신이 앉는 자리의 정면에 앉도록 부탁하자. 회의에서 반대 의견을 말하고자 하는 사람은 대체로 의견 발표자의 정면에 앉는 경향이 있기 때문이다.

그다음에는 동조자에게 자기 의견에 뒤이어 "찬성합니다."라고 말하도록 한다. 반대 의견을 가진 사람이 바로 의견을 피력하며 치고 들어오는 것을 막기 위해서다. 이렇게 함으로써 의견의 동조자를 늘리기 쉬운 분위기가 조성된다.

이는 미국 심리학자 스틴저Stynger가 실험을 통해 정립한 회의의 법칙 '스틴저 효과'에 기초한 방법론이다.

스틴저에 따르면, 회의 석상에서 사람들이 무의식적으로 보이는 패턴에는 다음의 세 가지 원칙이 있다.

① 회의할 때 정면에 앉는 사람은 과거에 격하게 대적한 사람, 반대 의견을 보이는 사람이 많다.
② 회의 중 한 가지 발언이 끝난 후 곧바로 발언하는 사람은 반대 의견을 낼 때가 많다.
③ 의장의 주도권이 약하면 정면에 앉는 사람끼리 사담을 나누고 강하면 옆 사람끼리 사담을 나누는 경향이 있다.

“ 회의 석상에서는 동조자를 정면에 앉히자! ”

심리 기술
087

무엇보다 강력한
만장일치 효과

만장일치 효과

직장이나 학교 같은 조직에는 반드시 모두를 아우르는 리더가 있다. 회사에서는 팀장이거나 학교에서는 학급반장, 과 대표 등이 그렇다.

이런 리더가 건전한 리더십을 발휘해 준다면 아무 문제가 없겠지만, 권력을 쥔 인간은 때로 착각을 일으킨다. 지시나 명령에 따르는 아랫사람의 존재에 대해 자신이 절대적인 지배력을 갖고 있는 것처럼 오해하는 것이다.

그 결과 폭주가 시작된다. 마음껏 하고 싶은 대로 하도록 자신을 허용하는 것이다. 과장을 덧붙이자면, 영국의 역사가 존 달버그 액턴John Dalberg-Acton이 남긴 '권력은 부패한다. 절대권력은 절대 부패한다'와 같은 상황이다. 따라서 주위 사람들은 리더가 한마디 하면 날벼락이 떨어지기라도 할 것처럼 위축되어 지낸다. 권력을 휘두르는 상사나 불쾌감을 주는 상사가 탄생하는 이유는 주위에서 피하기만 하고 아무 말도 하지 않기 때문이기도 하다.

조직 안에서 횡포를 일삼는 인간을 내버려 두어서 좋을 리 없다. **은밀하게 공통의 인식을 키우고 만장일치로 대항하면 어이없이 무너지게 할 수 있다.** 이럴 때 만장일치 효과는 강력한 힘을 발휘한다.

직원 부장님, 오늘은 사원 모두의 일치된 견해를 말씀드리고자 왔습니다. 앞으로 저희에 대한 폭언을 멈추어주시기를 부탁드립니다.

부장 뭐라고! 일도 못 하는 주제에 건방지게.

직원 재고해 주실 수 없다면 전 직원이 상부에 이의를 제기할 것입니다.

부장 어? 그, 그렇게까지! 아, 알았어, 눈 감아 주게. 재고할게.

이렇듯 한 방에 해결된다. 조직에 속한 인간은 어차피 조직 안에서는 힘을 발휘하지 못한다. 단, 거리의 쓰레기 집 주인처럼 고집불통인 존재는 마을 주민들의 만장일치 효과도 먹혀들지 않는다.

5장

어떤 상대든 내 손안에 가두다

마침내, 승부를 좌우하는 결정적 심리기술

심리기술 088

일찍 도착하고 미리 도착해보자

종속의 심리

시간관념이 철저한 사람은 자신에 대해서도 타인에 대해서도 철저하다. 약속 시간에는 반드시 5~10분 먼저 도착한다. 상대가 그만큼 늦게 오면 "늦었잖아!" 하고 대놓고 비난하기도 하고, 말로 표현하지는 않아도 표정이 굳어지는 등 누가 보아도 화가 났음을 숨기려 하지 않는다. 제시간에 딱 맞추어 나타나거나 아니면 그보다 조금 일찍 와서 대기하는 게 당연하다고 생각하기 때문이다.

"아, 미안해. 전철이 늦게 와서."라는 이유를 들어도 표정이 풀어지지는 않는다. 본인의 경우 5~10분 전철이 늦는 상황까지 고려해서 약속 시간보다 일찍 왔다고 생각하기 때문이다. 그러면 대등한 관계여야 하는데 기다리게 했다는 종속의 심리가 불쾌감을 자아낸다.

심리학적으로도 이렇듯 시간에 엄격한 사람과 만나기로 한

날일수록 예정 시간보다 일찍 도착하라고 권장한다. 이는 선수 필승의 법칙이다.

이쪽보다 상대가 먼저 와서 기다리는 경우를 상상해보자. 제시간에 도착했어도 뭔가 초조해질 것이다. "기다리셨죠?"라는 말이 얼떨결에 나온다. 늦은 게 아닌데도 말이다. 초반부터 상대에게 느낀 부채감은 그 후의 교섭에도 무의식적으로 영향을 미친다. 그러니 **상대보다 우위에 서서 주도권을 잡고 싶다면 무조건 상대보다 먼저 도착하라**. 원래 일찍 오는 사람과의 약속이라면 그 사람보다 더욱 일찍 도착해야 한다.

일찍 도착하려고 마음먹고 일찍 출발했는데도 불가항력의 변수로 인해 늦을 때가 있다. 그럴 때는 바로 상대에게 연락해야 한다. 단, 늦어질 시간이 10~15분으로 예상된다면 여유를 두고 20~25분 늦는다고 전하자. 아슬아슬하게 시간을 알려두면 상대는 기다리는 시간이 늘어날수록 종속의 심리가 작용해 불쾌해지고, 그러면 더욱 화를 자초하게 된다. 하지만 전달받은 시각보다 일찍 도착하면 그 심리는 해소된다.

심리 기술 089

자존심이 강한 사람에게는 도움을 구하듯 말하라

구제

자존심이 강한 사람은 아무도 접근하지 말라는 아우라를 방출한다. 주위를 낮추어 보기 때문에, 어쩔 수 없이 고립될 것이다. 그렇게 말하는 사람에게는 아무도 부탁하고 싶지 않다. 어설프게 접근해서 부탁해도 "왜 내가 그런 시답잖은 일에 끼어야 하지?" 따위의 말로 거절당할지도 모르기 때문이다.

이런 경우는 자존심이 극단적으로 높아서이기도 하지만, 실적이나 능력에 나름의 자신감이 있기 때문이기도 하다. 하지만 그런 자신의 유능함에 대한 주위 평가가 썩 좋지 않다는 것이 문제다. **정말로 자신이 있다면 뽐내지 않아도 되는 것이다.** 남들에게 자존심이 강한 사람이라는 인식을 주면 손해인데도 정작 본인은 알아차리지 못한다. 오히려 자신을 좀 더 본받으라는 듯 잘난 척 행동한다.

이런 사람을 조종하기는 간단하다. 마음껏 우월감을 맛보게 해주면 간단하다. 부탁할 때는 "도와주세요." 하고 매달려주자. 철저하게 자기를 낮추고 부탁하면 상대는 자존심이 채워져 우쭐해서 요구를 받아준다. 자존심을 이리저리 휘두르는 사람을 발견한다면 똑똑하게 손안에 놓고 구슬리면서 이용할 방안을 모색하자.

" 자존심이 강하면 " 조종하기 쉽다!

심리기술 090

칭찬에 익숙한 사람을 칭찬하기

자기 확장과 과정 중시 효과

사람은 미인을 앞에 두면 가슴이 두근거린다. 게다가 너무 긴장한 나머지 "아름다우시네요." "정말 미남이시네요." 등 뻔한 대사를 토해낼지도 모른다.

한편, 아무리 칭찬에 익숙한 사람이라도 이런 이야기를 들으면 기쁜 마음을 숨길 수 없을 것이다. 그러나 당연하다고도 여기므로 '또 그 소리야, 좀 지겨운데' 하고 오만한 심리에 기대기 쉽다. 단순한 자기 확인에 지나지 않기 때문이다.

그런 대사로 작업을 걸려고 마음먹어봤자 여타 수많은 사람 중 일부에 지나지 않으니, 그의 마음을 사로잡는 일은 별로 없다. **칭찬에 익숙한 사람을 칭찬할 때는 진부한 표현을 사용하지 않는 게 중요하다.** 미인이나 멋진 사람 등 외모를 칭찬받기에 익숙한 사람에게는 그 외적인 부분, 예를 들어 내면을 칭찬해 주어야 한다. '센스가 좋다' '감각이 예리하다' '놀라운

배려심이다' '정신적으로 안정감이 있다' '말에 설득력이 있다' 등이다. 말하자면, 자기 확장을 꾀할 수 있는 표현들이다.

"그 센스를 살리면 굉장한 일을 할 것 같아." "그런 마인드면 성공하겠는데!" 등 미래를 향해 자기 가능성이 열릴만한 요소가 느껴지는 말에 기뻐한다. 이 사람은 내 가능성을 발견해 주는 사람이라고 인정받으면 수많은 기타 등등의 사람들보다 돋보일 수 있다.

그렇다면 직함 등이 훌륭한 사람에게는 어떤 칭찬이 좋을까? 그들은 이미 자신에게 일정의 권위가 부과되어 있음을 충분 인식하는 사람들이다. "상장기업 부장이라니 굉장한데!" "대학교수라니 과연." "의사라니 멋져!" 등의 표현에는 너무도 익숙하다. 이런 사람들에게는 자기 확장을 꾀할 수 있는 대사도 나쁘지 않으나, 오히려 지금의 위치나 권위를 갖게 된 과정에서의 노력을 칭송해 주면 좋아한다. "조직을 아우르시는 일은 힘드시죠?" "어려운 학문을 지향하신 계기가 무엇이었나요?" 등이다. 잘 구슬리면 크게 인정받는다.

심리기술 091

이기적인 사람에게는 "입장 바꿔 생각해 봐."

롤 플레잉

제멋대로 행동하면서 타인에게 불편을 끼치는 인간이 있다. 화를 내도 효과가 없어 지치게 된다. 짜증의 강도가 커진다.

"어째서 자네는 이런 거야? 내가 하는 말을 제대로 들었어? 반성하고 있냐고?"

이런 사람을 상대할 때는 피로감이 극에 달한다. 앞에서는 중대 사태라고 인식하게 해서 자신과 대면하게 하는 요령을 소개했는데, 롤 플레잉 역시 효과가 있다. **자기 행동으로 불편을 끼친 상대의 처지에 똑같이 서게 함으로써 동정을 유발하는 것이다.** 화장실을 더럽히는 사람에게는 청소하는 사람의, 돈을 제때 내지 않는 사람에게는 받는 사람의 마음을 헤아리게 하는 것과 같은 요령이다.

다음은 직원이 실수로 제품 출하를 정체시킨 사례다.

상사	자네, 단골 거래처 입장이 되어서 생각해 봐. 제품 납기 일자에 공장에서 대기하고 있는데 우리 제품이 도착하지 않는다면 어떻겠어?
직원	네, 곤란해집니다.
상사	어떻게 곤란해지는지 거래처 입장에서 구체적으로 얘기해 봐.
직원	제품을 가공할 수 없어 곤란합니다. 그 결과 완성품을 만들지 못합니다.
상사	그리고?
직원	완성품을 납품해야 할 쪽에도 영향을 미치게 됩니다. 그리고 또 신용에 금이 갑니다.
상사	그뿐만이 아니잖아, 좀 더 있을걸.
직원	그리고…… 공장 작업이 멈추어버리니까, 사람도 기계도 손을 놓을 수밖에 없습니다.
상사	그래, 얼마나 손실인지 계산해 봐.
직원	네? 손실을 견적 내라고요? 전부요?
상사	그래. 기회손실 비용을 생각하지 않으면 실감하기 어렵잖아.

심리기술 092

실의에 빠진 사람에게 먼저 손을 내밀어라

구제

호감 있는 상태가 얼마 전에 애인과 이별했다면 당장 이 글에 집중하라. 그는 자기평가가 낮아지고 자기효능감을 가지기 어려운 상태이기 때문이다. 그의 심리상태가 '어째서 차였을까?' '역시 나한테는 매력이 없나 봐'와 같은 자괴감으로 우울해져 있을 때, "왜 그래? 괜찮으면 얘기해 봐." 하고 말하면서 다가가서 아이 메시지로 공감해 주면 이성의 마음은 자상한 당신에게 기운다.

마음에 품은 이성에게 다가갈 때도 마찬가지 방법을 쓸 수 있다. 점찍어둔 상대가 상사에게 호되게 야단맞았을 때나 일하다가 실수해서 낙심하고 있을 때가 절호의 기회다. "무슨 일이세요? 평소의 사이토 씨답지 않은데요. 고민 있으세요?" 등 당신의 다정함을 느낄만한 접근이 효과적일 것이다.

위축되었을 때 친절하게 손을 뻗어주는 사람은 거의 신적인

존재다. 그럴 때 좋아한다는 메시지를 덧붙여 접근하면 한방에 넘어오게 할 수 있다.

특히 이성에게 고백하기를 어려워하는 사람이 많은데, 거절당해서 자신이 초라해지기 싫어서다. 그러니 용기를 내기 힘들다. 하지만 "좋아합니다." 하고 고백하면 반보성의 원리로 상대도 호의를 품는다. 좋아한다고 여러 상대에게 말할수록 호의의 연쇄도 기대할 수 있다. 성공할 것이라는 희망적인 기대를 품지 않으면 되니 끊임없이 시도하자.

" 위축되었을 때가 다가갈 기회! "

심리 기술 093

성실한 사람의 죄의식 덜어주기

죄의식

A사 직원	사장님, 이번 주 금요일에 인사 차 찾아뵈어도 될까요?
주인	네? 저희는 이미 B사의 제품을 이용하고 있는데요.
A사 직원	네. 알고 있습니다. 저희와 계약을 하자는 게 아닙니다. 하하. 그냥 인사만 드리고 싶어서요. 그 근처에 마침 갈 일이 생겼거든요. 간 김에 들를까 해서요.
주인	아, 그런 거였군요. 실례했어요. 그럼, 금요일날 뵈어요.

꼭 우리 업체를 이용하고 있지 않은 거래처라도 여러 이유를 만들어 얼굴을 익혀두는 게 좋다. 자연스럽게 자주 마주치

면 거래처 업주는 이용하고 있는 업체 직원이 아니더라도 '이건 계약 업무가 아니야, 일에 필요한 과정이야' 하고 강력한 동기를 스스로에게 부여하게 된다.

남자 이번에 우리 회사, 규모가 두 배 정도로 커질 것 같아.
여자 어머, 왜? 규모가 왜 커지는데?
남자 회사를 합병한다는데. 앗, 이건 아직 비밀인데……. 큰일났네.
여자 비밀이라고 해도 우린 연인이잖아. 우리끼리 비밀은 안 되지. 어느 회사하고 합치는데?
남자 내부 기밀 유출이라서, 그건 당신이라도 말 못 해.
여자 에이~ 우리 사이에 어때.
남자 흠. 사실은 우리가 OO 공업을 매수할 거야. 이거 절대로 비밀이야.

이처럼 남자는 자신도 모르게 여자에게 비밀을 털어놓고 말았다.

심리기술 094

칭찬을 잘 하는 사람은 칭찬받는 것도 좋아한다

칭찬 되돌려주기

칭찬을 잘 하는 사람은 남의 말을 잘 들어준다.

"호오, 그렇구나!" "와, 멋진데!" "놀라운걸!" "그래서, 그래서?" 하고 맞장구를 잘 쳐주고 상대의 이야기를 빨아들일 듯한 기세로 들어준다. 노골적인 아첨이 아니라 임기응변적인 칭찬의 말로, 이쪽의 기분을 좋게 해주기 때문에 이런 사람은 모두가 좋아한다.

그런데 칭찬이란 묘하게도 인사치레로 하는 말인 줄 알면서도 들으면 점점 기분이 풀어진다.

프랑스 황제의 자리에까지 오른 나폴레옹도 항상 사탕발림을 싫어했지만, 부하로부터 "각하께서 아부를 싫어하시니 진실만 보고드리겠습니다. 각하의 인기는 파리에서 지칠 줄 모르고 오르고 있습니다." 하고 추켜세웠더니 볼에 경직이 풀리고 완전히 생글거리더라고 전해진다. 칭찬은 겉으로만 하는 말이라 해도 충분히 효과를 본다.

칭찬을 반복적으로 들으면 마치 주사를 맞은 듯 신경이 이완되고 기분이 좋아진다. 그러면 쓸데없는 것을 미주알고주알 떠벌리거나 상대의 요구를 고스란히 승낙해 버리기도 한다. 그러니 칭찬받는다고 들뜨지 않도록 경계하자.

칭찬 공격에 대응하려면 칭찬받고 있다는 생각이 들었을 때 즉각 상대에게 칭찬을 되돌려주는 방법을 쓰면 된다. 상대의 칭찬이 끝나자마자 부정하는 게 아니라 "감사합니다." 하고 받아들인 후에 예를 갖추고 "그건 그렇고, OO씨야말로~"하고 시작하면 된다.

상대방   오카모토 씨, 오늘 멋졌어요. 깜짝 놀랐어요. 능력 자셨군요!

당사자   아이고, 칭찬해 주시니 몸 둘 바를 모르겠습니다. 감사합니다. 그건 그렇고 야마모토 씨야말로 프레젠테이션 선수라고 들었습니다. 핵심 좀 알려주세요.

상대방   네? 프레젠테이션의 핵심요? 그건 말이죠, 우선, 중얼중얼…….

칭찬 되돌려주기가 제대로 효과를 본 순간이다.

심리 기술
095

비논리적인 사람은
때때로 무시해도 좋다

원칙 제시

세상에는 비논리적으로 트집을 잡는 진상 고객이 있다.

"댁의 디지털카메라가 망가져서 신혼여행에서 소중한 추억이 한순간에 사라져 버렸다고요. 카메라 무상 수리로 끝날 얘기가 아닙니다. 오스트레일리아 여행 경비와 정신적 피해에 대한 위자료를 지급하세요."

・・・

"당신네 볶음밥을 다 먹었더니 토할 것 같잖아요. 정량 맞아요? 사람을 불쾌하게 해놓고 식비를 청구하다니 미친 거 아니에요? 보상하세요."

이런 말도 안 되는 말로 우기면 대부분은 상대의 비약한 논리나 모순에 대해 열심히 설득하려고 한다. 심지가 곧은 사람일수록 그러기 쉽다. 하지만 이런 우스꽝스러운 이야기에 진심으로 대하려는 것 자체가 오산이다.

"디지털카메라를 구매 후 1년 동안은 무상 수리의 대상이니 접수하겠습니다. 수긍하지 못하시겠다면 원하시는 대로 하시면 됩니다. 저희는 더 이상 관여하지 않겠습니다."

・・・

"드시자마자 말씀하셨다면 대처할 여지가 있었는데, 다 드신 후에 그런 말씀을 하시면 곤란합니다. 돈을 내지 못하시겠다면 경찰을 부르겠습니다."

비논리적인 사람을 상대해주는 것은 시간 낭비다.

> **비논리적인 말을
> 하는 사람을 진지하게
> 상대해서는 안 된다!**

심리 기술 096

이유 없이 나를 싫어하는 상대의 선입견에 맞서기

인상 조작

이유 없이 누군가로부터 미움받으면 은근히 마음이 어지럽다. 당신은 상대에게 아무런 감정도 없고 무언가 미움을 살만한 일을 한 기억도 없으니 당연하다.

하지만 사람이 사람을 좋아하고 싫어하고는 직접적인 접촉이 있느냐 없느냐와 상관없다. 상대와 특별한 접점이 없어도 충분히 발생할 수 있는 상황이다. 누군가의 말투나 행실을 멀리서 보고 있기만 해도 좋고 싫음의 감정은 생기니까 말이다. TV 프로그램에서 좋아하는 유명인이나 싫어하는 배우가 생기는 것과 같은 이유다.

원인을 모르는데도 미워하는 사람과 사이좋게 지내기 위해서는 당신에 대한 이미지를 조작해서 **상대의 편견을 풀어주는 게 중요하다.** 생김새가 싫다, 뚱뚱한 체형이 싫다, 말투가 싫다 등 특별하게 받아들일 수 없는 이유가 있다고 해도 순조롭게 극복할 방법이 있다.

당신이 상대에게 '어라?' 하고 생각할 만한 행동을 해서 상대의 고정관념을 깨트려주는 것이다. 즉, 상대가 당신에게 품고 있는 나쁜 이미지는 단순한 착각에 지나지 않았다고 깨닫게 하는 것이다.

본능적으로 싫어하는 상대에게서 호의를 얻는 몇 가지 수단이 있다.

- 무엇이든 특별한 선행을 한다. 상대가 무거운 짐을 들고 있다면 "들어드릴게요." 하고 말하면서 도와준다. 상대가 보고 있는 곳에서 모두에게 친절하게 하는 것도 좋다. 가득 찬 쓰레기통을 비우거나 커피를 나누어주자.
- 이유 없이 싫어하는 상대에게 사소한 일로 정중하게 부탁해 본다. 그리고 받아들여 주면 그에 대해 큰 감사를 예의 바르게 표한다. 사소한 도움에 대단한 감사와 기쁨을 보여주는 사람은 좋은 인상으로 남기 때문이다.
- 상대가 좋아하는 것, 잘하는 것, 흥미나 관심 있는 것에 대해 가르쳐달라고 하자. 여기에 인간관계의 친화 과정 단계를 충실히 따르기만 해도 점차 당신에 대한 이미지가 나아질 것이다.

심리기술 097

자랑만 하는 사람은 일단 부러워해 주자

보수의 청구

세상에는 행복한 모습만을 자랑하고 싶어 하는 사람이 늘어나는 것 같다. 방송 프로그램의 영향일까? 불특정 다수를 향해 '그가 선물한 목걸이예요'라는 식으로 블로그에 사진을 게시하는 사람이 있는가 하면, 직장동료를 붙잡고 "헤어 스타일 바꾸었는데 어때? 남자 친구는 어른스러워졌다면서 마음에 든다더라."라고 뻔뻔하게 말하는 사람도 있다.

솔직히 짜증 나는 상대지만, 정작 본인은 거의 신경 쓰는 것 같지도 않다. 자랑하면 질투의 대상이 될 위험도 있는데 보란 듯이 행복을 어필하려고 한다. 물론 타인에게서 "행복해서 좋겠구나." "행복해 보여." "부러워."라는 말을 듣고 싶으니까 이렇게 자랑하는 것이지만, **근본적으로는 내면 깊은 곳에 불안이 소용돌이치고 있어서다.** 누군가에게 표현해서 "행복하구나, 잘됐어."라는 말을 듣지 못하면 정말로 행복한지 확신하지 못하는 심리다. 행복한지 어떤지 모르겠는 불안한 심리, 메마른 심적 욕망이다.

이렇듯 짜증 나는 사람에게는 확실하게 "행복해서 좋겠네!" 하고 치하해 주자. 한술 더 떠서 남자 친구와의 비밀스러운 이야기를 유도해 한동안 구름 위에 있는 기분을 맛보게 해주자. 줄곧 그 맛에 취해있다가 자신이 남자 이야기만 하고 있음을 탁 알아차린다면 민망해질 것이다. 그때 이렇게 말해주자.

"잘 들었어. 어때, 점점 행복해진 것 같아? 오늘은 충분히 기분 좋게 해주었으니까 여기 식비는 물론 행복에 젖은 네가 내주겠지? 이야기도, 식사도 땡큐!"

한 번 이런 상황을 만들어 놓으면 듣기 싫은 자랑 이야기는 더 이상 하지 않을 것이다.

심리기술 098

"반드시 수익이 납니다."
엉겨붙는 사람 조심하기

인지 바이어스

복권은 사면 살수록 가난해지는 시스템인데(한 장에 3,000원 하는 복권이 1등에 당첨될 확률은 약 천만 분의 1), 사는 사람이 많아서 긴 줄이 생기는 판매처까지 있다. 연간 매출 약 10조 원 중에서 배당금(당첨금)으로 받는 금액은 그중 45퍼센트 정도다.

복권은 사지 않으면 당첨될 확률도 없으니까 사는 것이라는 사람들의 심리를 더욱 분석하면 재미난 사실을 알게 된다. 대부분은 당첨되지 않지만, 혹시 나는 당첨될지도 모른다고 스스로 합리화한다는 것이다.

사람은 불쾌한 일을 생각하면 스트레스가 쌓이므로 이를 피하고자 **자신에게 유리한 쪽으로 생각하려는 경향이 있다.** '나는 교통사고를 당하지 않을 거야' '나한테는 언제나 행운이 함께 할 거야'라는 식으로 말이다. 이를 심리학에서는 인지 바이어스(편견)라고 한다. 인지 바이어스는 다양한 경우에 적용되므로 주의가 필요하다.

특히 위험한 곳이 투자 쪽이다. 미공개 주식, 투자 펀드와 같은 사기성 상법에 해마다 이벤트처럼 수십만 명 규모의 사람들이 낚여서 눈물을 흘린다. 자기는 행운아라면서 욕심냈던 사람들이다. "확실하니까 꼭 수익이 납니다." 따위의 생판 모르는 타인의 말을 믿은 결과, 애지중지하던 노후 자금을 전액 날려버리니 얼마나 슬플까. 돈 버는 이야기를 듣는다면 이렇게 대답하자.

"그렇게 수익이 난다면 아무한테도 알려주지 말고 혼자 하세요."

" 인지 바이어스가 발동하면 위험! "

심리기술 099 자기 이야기만 하는 사람에게는 도중에 질문 던지기

동조 효과의 강화

일방적으로 자기 이야기만 늘어놓는 사람이 있다. 상대가 자기보다 윗사람이라면 잠자코 듣고 있을 수밖에 없을 것이다. 모처럼 기분 좋게 이야기하는 중이라 말을 자르지도 못한다.

상대가 기분이 좋아서 이야기할 때는 이쪽은 빨려 들어갈 듯 "호, 그러세요?" "굉장하네요." 하고 흥미롭다는 맞장구를 쳐주면서 상대 이야기를 진지하게 듣고 있다는 태도를 보여야 한다. 즉, 동조행동을 보이는 것이다.

흘끔흘끔 시계를 본다거나 다른 곳을 응시하면 아무리 말(언어적 요소)로 멋들어진 맞장구를 쳤다고 해도 행동(비언어적 요소)에서 본심이 탄로나 버린다. 그러면 반 동조행동이 되므로 상대는 점점 불쾌해지고 '내 이야기가 지루하구나' 하고 깨닫는다.

상대는 불쾌한 기분을 간직한 채 이야기를 마무리지을 것이므로, 당신에게 품는 인상 또한 안 좋아진다. 큰맘 먹고 상대 이야기를 들어주었는데 마지막이 안 좋으면 비참하다.

그러니 열심히 견디며 상대 이야기에 귀를 기울여주는데, 참다 보면 꼭 비언어적인 면에서 상대에게 들키는 상황이 발생한다. 하품을 억지로 참는 표정이나, 눈이 허공을 바라보는 것과 같이 관심 없다는 몸짓이 아무래도 나타날 수밖에 없다.

하지만 이러면 서로 껄끄러워지기만 한다. 그렇게 되지 않도록 **상대가 이야기하는 중에 적절한 질문을 끼워 넣자.**

"죄송한데, 그건 어느 정도 금액이면 살 수 있습니까?"
"지금도 그게 있나요?"

이런 식으로 질문하다 보면 재미없던 상대 이야기에도 점점 관심이 생긴다. 비언어적인 면으로도 훌륭한 동조를 이어갈 수 있는 것이다.

심리 기술 100

논리적인 사람에게는 모호하게 답변하면 안 된다

논리 사고에의 동조 기술

논리적으로 사고하는 사람은 냉철하다. 감정적인 요소, 애매한 사실관계로는 도저히 이해해 주지 않는다. 이런 사람에게는 접대 공세를 퍼부어도 결정적일 때 고개를 위아래로 끄덕여주지 않을지도 모르니 조심해야 한다. **공략하려면 논리적으로 수긍할만한 설득을 주도면밀하게 준비하자.**

상대방 어째서 당장 수리하러 오지 않으시죠? 전에는 전화하면 그날 바로 달려와 주셨잖아요.

당사자 이번 주는 바빠서 다음 주쯤이나 되어야 해요.

상대방 일주일도 넘게 기다려야 한다고요? 우리 공장 기계가 작동을 못 한다고요.

당사자 아무리 그러셔도 무리예요. 저도 가능한 한 빨리 수리 기사를 보내고 싶다구요.

| 상대방 | 너무 설렁설렁하시네요. 앞으로는 당신네 기계를 구매할 일 없을 겁니다.

이렇듯 결단도 빨리 내린다. 합리적인 사고를 추구하는 사람은 상대에게도 엄격하다.

다음 세 가지를 최대한 지양하자.

① 애매하게 설명하지 말 것 … 아마, 어쩌면, 대체로, 이 정도
② 감정에 호소하지 말 것 … 알아주세요. 이렇게 노력하잖아요.
③ 언어 선택에 주의할 것 … 어쩔 수 없어요. 무리입니다.

논리적인 사람은 날짜나 시간을 명확하게 말하지 않고 애매하게 다음 주 중, 이라는 식으로 말하는 것을 싫어한다. 사정을 구체적으로 설명하지 않고 "어쩔 수 없습니다." 하고 말을 놓는 태도도 신뢰 관계를 무너뜨린다.

"전에는 수리 기사가 지금의 세 배 이상 있었는데 정리해고를 당해서 지금은 8명뿐입니다. 일정 조율이 어려운 관계로 다음 주 월요일에만 방문할 수 있습니다."

이렇게 말하는 게 좋을 뻔했다.

심리 기술
101

사주를 맹신하는 사람에게 필요한 특별 피드백

피드백의 제N법칙

자기 상식과 모순된 사안에 맞닥트리면 '어라?' 하고 무심코 주목하게 되고 '왜?' '어째서?' '있을 수 있는 일이야?' 등으로 마음이 불안정해지는 현상을 '인지적 불협화'라고 설명했다.

이 유쾌하지 않은 심리적 불균형을 되찾기 위해서 사람은 관점을 바꾼다. 담배는 건강에 해롭다는 것을 인지하고 있어도 담배를 끊을 수 없는 사람은 '골초라도 오래 살고 건강한 사람이 많다'고 유해성을 낮추어 평가함으로써 스스로 불협화를 해소하고자 한다. 또는 '담배는 친목에 도움이 되고 마음의 안정 효과를 높인다'라는 식으로 유익성을 추가·강조한다.

이렇게 함으로써 마음의 균형을 꾀하는 것인데, **욕구불만이나 고통으로부터의 도피를 꾀하는 방어기제인 자기합리화와 매우 비슷한 심리작용이다**(이솝우화의 포도에 발이 닿지 않았던

여우가 '어차피 포도는 실 거야'라고 단정지은 이야기가 유명하다).

그런데 사주나 초자연 현상에 빠져버린 고집스러운 사람이 있다. 대체로 자기효능감이 낮고 피암시성이 높은 사람이다. 사주나 영적인 것은 아예 과학적 근거가 없는 유사 과학*에 불과하다. 그러나 "지난 주 애인과 이노카시라 공원에서 보트를 탔어. 근데 커플이 그 보트를 타면 반드시 헤어진다는 전설이 있더라고. 몰랐단 말이야. 나, 어떡해."라면서 고민하는 사람이 있으니, 기가 막힐 노릇이다.

사람은 미래에 막연한 불안을 품고 있다. 그렇기에 미래를 긍정하는 확정적인 예언을 접함으로써 타협을 꾀하고자 하는데, 그것이 배신당함으로써 인지적 불협화 상태에 빠지는 것이다. 이럴 때는 타협화시키기 위해 인식을 바꾸는 것 외에도 좋은 방법이 있다.

피드백의 제N법칙이라 불리는데 무시하기 또는 날조하기 기법이다. "그 이야기는 그냥 도시 전설이야. 신경 쓰지 마." 하고 무시하라고 권유하거나 "정말이야. 그 길을 걸었다는 커플 스무 명도 넘게 실제로 헤어졌어. 너희도 그렇게 되겠네." 하고 사실을 날조해서 결론을 지어버리는 게 방법일 수 있다.

* **유사 과학**(Pseudoscience) : 과학적 방법론에 입각한 연구나 증명이 없으면서도 과학적인 것처럼 주장하는 이론이나 학문을 말한다.

> 에필로그

심리기술의
놀라운 힘을 아는 당신.
자, 이제 실전이다!

지금까지 나눈 이야기를 읽고 난 소감은 어떤가? 누군가는 '설마 저런 사람이 현실에 있을라고?' 했을 수도 있고 다른 누군가는 기억 속에 떠오른 인물이 있을 수도 있다. 앞으로 만날 사람들을 위해 또는 지난 상황들에 대처하지 못했던 날을 떠올리며, 여러 심리작용의 재미에 눈을 떴기를 바란다.

인간관계가 어렵다고 고민하는 사람은 점점 많아지고 있다. 학교에서 정식 교과과목으로 배우는 것도 아닌데 참 어렵긴 하다. 하지만 그렇게 생각할 필요 없다. 이런 생각들로 상처받을 필요는 더더욱 없다.
101가지의 심리기술 모두 우리의 일상에서 유용하게 쓰이겠지만, 마지막으로 소통에 중요한 요소인 '자이언스의 법칙'

을 항상 기억하자. 자이언스의 법칙이란 다음 세 가지로 설명된다.

① 사람은 낯선 사람에게는 공격적, 비판적, 냉담하게 대응한다.
② 사람은 만나면 만날수록 호의를 느낀다.
③ 사람은 상대의 인간적인 면을 발견했을 때 더욱 호감을 느낀다.

이 책으로 상대의 심리를 파악하는 기술을 마스터한 당신이다. 이제 여기 101가지의 방법을 지혜롭게 활용해서 당신의 훌륭한 인간성을 알리고 이익을 끌어당길 일만 남았다. 어렵고 까다로운 상대를 피하기만 하면 발전 없이 당신만 손해다.

앞으로 인생은 당신이 원하는 대로 펼쳐질 것이다. 자! 이제 인생의 주인은 바로 그대, 당신이다.

옮긴이 정현옥

대학교에서 일문학을 전공 후 일본에서 7년간 거주하며 학업과 일에 쏟은 열정을 출판에도 쏟고자 번역가의 길로 들어섰다. 현재 출판번역 에이전시 글로하나에 소속해 다양한 분야의 도서를 번역 및 검토한다. 옮긴 책으로는 《운의 방정식》《NFT로 부의 패러다임을 바꾼 사람들》《언택트 공부 혁명》《혼자 공부하는 시간의 힘》《초예측》《이과식 독서법》등이 있다.

꼭 알아야 할 심리의 기술

1판 1쇄 발행 2025년 4월 22일
1판 2쇄 발행 2025년 10월 15일

지은이 가미오카 신지
발행인 김태웅
책임편집 이슬기　　　　　　　**기획편집** 이미순, 박지혜
표지디자인 유어텍스트　　　　**본문디자인** 호우인
마케팅 총괄 김철영　　　　　　**마케팅** 서재욱, 오승수
온라인 마케팅 박예빈　　　　　**인터넷 관리** 김상규
제작 현대순　　　　　　　　　**총무** 윤선미, 안서현
관리 김훈희, 이국희, 김승훈, 최국호

발행처 ㈜동양북스
등록 제2014-000055호
주소 서울시 마포구 동교로22길 14(04030)
구입 문의 (02)337-1737 **팩스** (02)334-6624
내용 문의 (02)337-1763 **이메일** dymg98@naver.com

ISBN 979-11-7210-096-4　03190

ⓒ 2022, 가미오카 신지 All rights reserved.

- 이 책은 저작권법에 의해 보호받는 저작물이므로 무단 전재와 무단 복제를 금합니다.
- 잘못된 책은 구입처에서 교환해드립니다.